佐竹眞明
メアリー・アンジェリン・ダアノイ

フィリピン−日本国際結婚
移住と多文化共生

Filipino-Japanese Intermarriages
Migration, Settlement, and Multicultural Coexistence

Masaaki Satake
Mary Angeline Daanoy

はじめに

佐竹眞明
メアリー・アンジェリン・ダアノイ

　さぬき富士、飯野山をのぞむ四国・香川県丸亀市の土器川生物公園。春はドジョウ、フナ、ザリガニ、夏はホタル、秋はトンボ、河川敷には自然があふれる。サイクリング・コースもあり、広々した芝生では、夕方や土日、家族連れがボール投げや犬の散歩を楽しんでいる。河川敷の真ん中に立つ1本の太い広葉樹が、春から初秋まで、心地よい木陰を作ってくれる。バーベキューをするのにちょうどよい。日本人のお父さん、フィリピン人のお母さん、その子どもたち、地元の造船工場で働くフィリピン人男性研修生たち——みんな、よくそこに集まっては、野外パーティをする。誰かの子どもの誕生日だと言っては、10組くらいの家族が食べ物、飲み物を持ち寄る。ビール、チューハイ、そして、フィリピン人が大好きなコーラは欠かせない。30代前半のフィリピン人研修生たちは炭をおこし、レチョン・マノック（鶏の丸焼き）や肉を焼く。フィリピンでのパーティのように豚の丸焼き（レチョン・バボイ）こそ出ないが、豚の頭が焼かれることはある。向こうのお祝いならば、民族舞踊バンブーダンスも飛び出しただろう。かわりに、フィリピン女性たちは「オッチョ・オッチョ」とか、「スパゲッティ」という母国で流行っているダンスを披露する。オッチョ・オッチョとは8・8の意味。スパゲッティはブラウスの肩紐を指す。明るいダンスソングだ。

　パーティに来ると、まるでフィリピンにいるような気分になる。彼女たちにとっては、「日本のことは忘れて、今を楽しもう」というのが原則だが、日本人の夫や子ども、友達以外の日本人には、ちょっとこわい雰囲気を与えている

かもしれない。みんな、声は大きいし、歌も歌う。日本国内とは思えない異次元空間を作っているのだから。だが、フィリピン人たちにとっては、この時間、空間こそが自分のものなのだという感覚がある。

　フィリピン女性たちはそれぞれお気に入りの服装に身を包み、髪型、アクセサリーもそれぞれの好みのまま、他の人とは違うんだと、自分のアイデンティティを主張する。うるさい舅、姑が登場する毎日の生活から自らを解き放ち、ビールやレチョンなどフィリピン料理を存分に楽しむ。日常の規範から自由になり、お互いの無礼を許し合いながら、自分や家族の一番いい姿を見せ、フィリピン人としてのアイデンティティを改めて確認するのである。

　彼女たちは宝石、ブランド・バッグ、車、母国の家の写真も見せ合う。自分たちが一生懸命働いている証なのだ。派手なパーティが終われば、また単調だが複雑な日常生活へ戻っていくことになる。日本の料理も作って食べるけれど、日本でも買えるフィリピンの干し魚（トゥヨ）、子エビ・魚の塩辛（バゴオン）、いわしの缶詰を食べながら、工場やパブの仕事を続けていく…。

　日本人の夫たちは一角に陣取り、ビールとつまみ（プルタン）片手に、フィリピンでの経験やフィリピン女性について語っている。やれ、妻の実家がビコールやビサヤ、ミンダナオにあり、マニラから遠くて、戻るのが大変だとか、やれ、フィリピンに建てた家がどこにあり誰が住んでいるかとか、いくらかかったかとか。それから、マニラの空港で税関職員がチップを求めるので困るという話も出てくる。話題は食文化に飛んで、孵化寸前のアヒルの卵をゆでたバルッ、バゴオンやパティス（魚醬）は平気で食べられるか、などという話にもなる。それから、向こうでにぎやかにやっている妻たちを横目で見て、フィリピン女性はなんであんなに陽気なんでしょうな、それに、カミさんは強いな、と意見がまとまる。彼らは似たような、あるいは異なった体験、意見を聞きながら、自分の経験、考えと重ね合わせていく。フィリピン人を妻に持つ男たち独特の連帯感が感じられる。

　父親が日本人、母親がフィリピン人という子どもたちも元気に遊びまわる。お母さんたちが日常的に付き合うから、子どもたちもお互い、よく知った仲だ。

　そして、造船工場で働き、３年で帰っていくフィリピン人研修生。彼らにとって、日本で長く生活するフィリピン女性たちは大切な存在である。彼女たち

は会社で通訳をしてくれたり、労働や生活についての相談に乗ってくれる。逆に、休日になると、研修生たちは左官仕事をして、彼女たちの家のブロック塀を直したり、駐車場を作ったりし、日本人の夫ともビールを酌み交わす仲になっていく。

　フィリピン女性と日本人男性との結婚が日本で増えてきた。この本で私たちは、こうした国際結婚をめぐるさまざまな側面を取り上げてみた。第1章では増加の背景として、日本へのフィリピン女性の移民労働まで遡り、第2章では日比結婚の概況や実情、第3章ではフィリピン人「農村花嫁」の問題を検討してみた。次いで第4章では「ジャパゆき」「花嫁」という在日フィリピン女性に対するイメージを検証した上、日本で生活するさまざまなフィリピン女性を紹介し、そうしたイメージが偏っているのではないかということを論じた。第5章ではフィリピン女性と結婚した日本人男性に焦点を当て、異文化体験や妻とのやり取りを通じて、彼らが視野を広げたり、生き方を見直すようになる過程を明らかにしようとした。第6章では、フィリピン女性による地域経済・社会への貢献、子どもの教育、文化の継承、ネットワーク活動などを紹介し、日本における定住と多文化共生について考えてみた。最終章はエッセイ風に、フィリピン・ネグロスと日本における経験を振り返り、異なった文化を体験し、理解することの大切さ、ひいては多文化共生の大切さを記してみた。

　なお、多文化共生というのは異なった文化的背景を持つ人々と公平、平等にともに生きるという原理である。日本社会で外国人が増える中で、この視点が大切になってきた。フィリピン-日本国際結婚によって、フィリピン女性が数多く日本に移り住むようになった。そこで多文化共生について、もっと考えてみたいと思ったのである。

　ここに紹介されるのは、私たちふたりが住んだ香川県のみならず、日本や世界各地で出会い、知り合ったご夫婦たちである。ご夫婦の名前は基本的に仮名にしたが、掲載に同意いただいている場合は本名とさせていただいた。年齢は特に断りがなければ、2004年10月時点のものである。

フィリピン-日本 国際結婚──移住と多文化共生■目次

はじめに …………………………………………………………………………………… 1

第1章 フィリピン女性による日本への出稼ぎ …………………… 9
Ⅰ．「海外芸能アーティスト」としての来日 …………………………… 9
■1 買春観光 9　■2 日本への出稼ぎへ 12
Ⅱ．「興行」による来日 …………………………………………………… 14
■1 現状 14　■2 規定と実態との格差 16
Ⅲ．OPAをめぐる事件と政府の対応 …………………………………… 20
■1 マリクリス・シオソン事件など 20　■2 政府などの対応 22
Ⅳ．フィリピンの海外出稼ぎ事情 ……………………………………… 24
■1 概況 24　■2 国家政策 27　■3 経済社会的背景 27

第2章 フィリピン-日本国際結婚 ………………………………… 31
Ⅰ．日本の国際結婚 ………………………………………………………… 31
■1 推移と現状 31　■2 外国人女性との結婚 35　■3 外国人男性との結婚 39
■4 離婚 39
Ⅱ．フィリピンにおける国際結婚 ……………………………………… 42
■1 概況と推移 42　■2 南北問題的構造 45
Ⅲ．日本男性-フィリピン女性カップル ……………………………… 46
■1 日本人男性の横顔 46　■2 出会う経緯 53　■3 フィリピン女性の横顔 55

第3章 農村花嫁：業者仲介による結婚 ………………………… 57
Ⅰ．それは山形から始まった …………………………………………… 57
Ⅱ．徳島でも ………………………………………………………………… 59
■1 いきさつ 59　■2 結婚後 60　■3 フィリピン女性の社会活動 61
■4 東祖谷の現在 66
Ⅲ．行政と結婚業者 ………………………………………………………… 67
■1 行政不介入へ 67　■2「メール・オーダー・ブライド」禁止とその影響 67
■3 行政のケア 68
Ⅳ．「農村花嫁」を振り返る ……………………………………………… 71
■1 なぜフィリピンだったか 71　■2 行政の仲介 72　■3 家の存続と「嫁」 73

第4章 日本社会におけるフィリピン女性：
　　　　固定観念を崩す ……………………………………………… 81
Ⅰ．フィリピン女性に関する固定的イメージ ………………………… 81
Ⅱ．フィリピーナ「ジャパゆき」エンターテイナー ………………… 83
■1 3つの論点 83　■2「ジャパゆき」イメージに対するフィリピン女性の反応 87

Ⅲ．伝統的社会とフィリピン人花嫁……………………………………92
　　　　1 フィリピン人花嫁　92　　2 村を出た花嫁　94　　3 村に残る花嫁　96
　　　　4 他のフィリピン花嫁の苦闘　97
　　Ⅳ．「ジャパゆき」「花嫁」イメージに対する抵抗………………………98
　　　　1 抗議活動　98　　2 文化的表現と教育　99　　3 情愛の深い女性たち　100

第5章　異文化間結婚と日本男性……………………………………103
　　Ⅰ．周囲の反応……………………………………………………………103
　　Ⅱ．結婚後の生活…………………………………………………………106
　　　　1 言葉　106　　2 家族形態とフィリピンの親戚　107
　　Ⅲ．日本人の夫：生活世界・視野の広がり……………………………110
　　　　1 異文化体験　110　　2 多文化共生の視点　113
　　Ⅳ．夫婦関係とジェンダー………………………………………………115
　　　　1 フィリピン女性側の要因　116　　2 男性側の要因　120
　　Ⅴ．定年後をフィリピンで………………………………………………125

第6章　日本を第二の故郷に：多文化共生を
　　　　求めるフィリピン女性………………………………………………129
　　Ⅰ．地域経済におけるフィリピン女性…………………………………130
　　Ⅱ．異文化にまたがるアイデンティティ………………………………133
　　　　1 文化を学ぶ：日本語の学習　133　　2 文化を伝える　135
　　　　3 子どもの名前とアイデンティティ　141
　　Ⅲ．ネットワーキングと社会的活動……………………………………143
　　　　1 地方自治体や裁判所との協同　144　　2 フィリピン人研修生への支援　146
　　Ⅳ．日本を第二の故郷に…………………………………………………149

終　章　レチョン、バンブーダンス、ごちゃごちゃ：
　　　　異文化接触・多文化共生……………………………………………151
　　Ⅰ．レチョンと人々の生活………………………………………………151
　　Ⅱ．バンブーダンスと多文化共生………………………………………154
　　Ⅲ．「ごちゃごちゃして、きたない」から、
　　　　「今度、いつフィリピンへ」……………………………………158

あとがき………………………………………………………………………161

参考文献………………………………………………………………………165

索引……………………………………………………………………………170

第1章　フィリピン女性による日本への出稼ぎ

佐竹眞明

　日本へ仕事に来たフィリピン女性が日本男性と知り合い、結婚するケースが増えてきた。まず、本章ではフィリピン女性の日本出稼ぎについて論じる。

Ⅰ.「海外芸能アーティスト」としての来日

◾️1 買春観光

　1960年代から73年まで続いた高度経済成長期を通じ、日本の国民総生産は著しく伸びた。大量消費の時代を迎え、海外旅行も増えた。国外旅行が自由化された64年、海外旅行者の数は13万人だったが、その後、大型ジェット機が導入されて外国旅行は割安となり、79年の渡航者は400万人に達した。特に70年代以降、台湾、韓国などの東アジア、タイ、フィリピンなどの東南アジアへの団体旅行が増えたが、男性観光客の割合が高かった。79年の男性旅行者の比率は米国で59.4％、英国で50.5％だったが、韓国93.7％、台湾91.4％、フィリピン83.7％、タイ78.9％という具合だった。なぜだろうか。

　まず、日本交通公社、近畿日本ツーリストなど大手、あるいは中小旅行会社と航空会社が提携して、大量にパック・ツアーが販売された。会社や大組織の接待、慰安としても、アジア旅行は利用された。当時、ある大手自動車メーカーは販売店に、3ヵ月に自動車5台を売ればマニラ旅行の費用10万円を振り込んだ。資材会社が建築会社に、一定額以上資材を買えば東南アジア旅行に招待、

というケースもあった。農協(現在のJA)による団体旅行も始まった。実はこうした旅行では数多くの男性が現地の女性にお金を支払って性行為を求めた。悪名高い「買春観光」セックス・ツアーである。アジア旅行で男性の割合が高かったのは、この理由による[1]。

【台湾、韓国】

　日本人による「買春観光」は台湾から始まった。60年代末から、日本人団体客が押し寄せ、新北投(ペイトウ)温泉を中心に日本式キャバレーが増えた。だが、72年の中華人民共和国との国交樹立に伴い、73年、日本は台湾との国交を断絶した。そこで、日本人観光客が増えたのが韓国だった。韓国を訪れる日本人客は72年約21万人だったが、翌73年約43万人となった。韓国では日本人客がキーセン(妓生)と呼ばれる芸妓を招いて酒宴を開き、その後「買春行為」を行なった。

　73〜75年、日本の地方の観光地では、台湾女性ブームが起きた。当時、田中角栄首相が提唱した日本列島改造ブームで、地方のホテルや旅館が増えたが、日本人のバンドや歌手ではギャラが高すぎるため、台湾の女性芸人が引く手あまたになった。同時期、東京、大阪のディスコで、フィリピン人バンドのブームが起きた。低賃金で、長時間労働をいとわず、器用に楽器を操るフィリピン人ミュージシャンが経営者の人気となり、年間1万人のプレイヤーが来日した[日名子1986: 145]。アジアからの興行出稼ぎはこの時期、既に一定の規模に達していた。

　さて、韓国における日本人買春観光に抗議して、73年、梨花女子大学の学生たちはソウルの金浦(キンポ)空港で、ビラを配り、「祖国を日本男性のための遊郭にするな」と訴えた。また、77年、台湾の精華旅行社の林社長は、日本の旅行業界紙に意見広告を出した。「"恥"という字をご存知ですか。あなたのサラリー、ボーナス、配当の一部分が、女性の春をひさいだお金から、しぼり出されている事実に目をつぶらないでください」という内容だった[高里 1979；1981]。台湾の作家・黃春明(ホアンチュンミン)も小説『さよなら・再見(ツァイチェン)』を著し、痛烈に日本人観光客を風刺した[黄春明 1978]。

---

[1] 買春観光については[佐野 1981]、[アジアの売買春に反対する男たちの会編 1988]、[高里 1979；1981]等がある。

【タイ、フィリピン】

　タイでは、首都バンコクのパッポン通りにバー、クラブ、マッサージパーラーが増えた。ベトナム戦争の時（60〜75年）、米兵が休暇中に大量のドルを持ち込んだためである。

　他方、69年2万190人だった日本人客は79年、8万9140人と4倍以上に増え、うち7万304人（78.9％）が男性だった。パッポン通りの隣に日本人相手のバー街、タニヤ通りができ、地元で"ソイ・ジープン"（日本人横町）と呼ばれた［日名子　1986：147］。

　フィリピンも台湾、韓国に倣い、78年、観光立国を標榜して、国際線の航空機相互乗り入れを実施、外貨獲得を目指した。当時の大統領フェルディナンド・マルコスは72年から81年まで戒厳令を敷き、86年に政変でハワイに逃れるまで、独裁政権を保っていた。戒厳令下、80年にフィリピンを訪れた外国人観光客は100万以上、うち日本人は約27万人、その8割が男性だった。当時、AP通信は日本人男性の9割は買春目的と報じた。

　特に思い出されるのが79年、首都マニラ、エルミタ地区のラマダ・ホテル（後のミッドタウン・ホテル）で起きた「集団買春事件」だ。ホテルの大広間で、日本人団体客200人が「集団お見合い」で女性を指名、部屋に同伴した。当時、女性たちは接客婦（ホスピタリティ・ガール）と呼ばれた。

　日本人による買春観光は太平洋戦争で植え付けられたフィリピン人の反日感情を逆なでした[2]。当時、日本企業によるフィリピンへの直接投資が盛んになったことと重ねあわせて、フィリピン大学の歴史学教授だった故レナート・コンスタンティーノは日本のビジネスマンや観光客を「市民服を来た軍隊」と呼んだ。つまり、太平洋戦争中、日本人は軍服を着て、フィリピンを占領し、戦後は市民服（セビロ）を着て、経済的、性的にフィリピンを侵略していると指摘したのである［『朝日新聞』1980年3月24日］。彼はその後「第2の侵略」という表現さえ使った［コンスタンチーノ　1990］。

　こうして、81年1月、当時の鈴木善幸首相によるアセアン諸国訪問では、マニラ、バンコクで買春観光に反対する抗議運動が繰り広げられた［高里　1981：15］。この模様は各国で大きく報道されて、日本の旅行会社は送客を控え、マ

---

[2] 1941〜45年、日本軍はフィリピンを占領、住民の死傷者は100万人に及んだ。

ニラへの観光客も減った[3]。

❷ 日本への出稼ぎへ

　1978年暮れ、台湾政府は買春観光のメッカ、新北投温泉を閉鎖した。当時、同温泉で公式の芸妓ライセンスを持っていた女性は600人、ライセンスなしの女性は5000人いた。台湾政府は台北の「娼婦」も禁ずる措置をとった。工業化の進展に伴い、売買春を含む観光立国の時代は終わったのだ。

　79年、台湾からの観光が自由化されると、「歓楽産業」で働いていた女性たちが観光ビザで来日し、以前台湾を訪れた日本人に名刺を頼りに連絡しては、商売し始めた。あらかじめクラブやバーに手紙で連絡してから観光ビザで来日し、働く女性もいた。日本に働きに来る「ジャパゆき」さんの先駆けは台湾女性だった［日名子 1986: 143-146。「ジャパゆき」という語については後述する］。

　フィリピンについては、国内外の買春観光批判だけでなく、元上院議員ベニグノ・アキノの暗殺に続く政情・経済不安も見落とせない。アキノ氏はマルコス独裁を打倒できる有力な政治家だったが、83年、米国から帰国した際、マニラ国際空港で飛行機から軍人に連れ出され、射殺された。これにより、反マルコス運動が一気に高まった。政情不安を恐れて外国の銀行はフィリピン政府や企業に貸し付けを拒否したので、外貨が不足し、企業が部品や機械を輸入できなくなり、一時閉鎖や倒産を余儀なくされた。政治、経済危機が深まる中で、訪れる日本人観光客は激減し、84年には16万人弱となって、ピーク時の80年より10万人も減った。

　日名子によると、84年、日本人客がフィリピンで使った金額は１人448ドル（約10万円）で、総額約7600万ドル（当時のレート１ペソ＝20円で約152億円）だった［日名子 1986: 151］。他方、AP通信の推計に基づくと、同年、フィリピンで「買春」をした日本人男性は約12万人だった。３泊４日のパック旅行で、男性１人が「買春」に費やす費用は約５万円と推計される。すると、男性客全体では60億円。当時、日本政府がフィリピンに無償援助していた額が年間73億円だ

---

[3] 80年10月、衆議院・外務委員会で日本社会党（現社会民主党）の土井たか子は、運輸省が旅行業者に数回しか通達を発していないとして、おざなりな行政指導を批判した。これを受けて、運輸省は悪質な旅行業者に警告し、社名を公表し、日本旅行業協会（JATA）は悪質業者を協会から除名した。

ったので、額の大きさがうかがえる。マニラを中心に、日本男性に依存した観光・歓楽産業が形成されていたのである。しかし、84年には80年と比べて日本人客が10万人減っているので、50億円の損失という言い方もできる。「金の卵」である日本人が来なくなったのなら、フィリピン女性を日本に行かせよう。これがフィリピンからの「ジャパゆき」誕生の流れだった。

　その背景としてまず、マニラに拠点を置く日本人業者の存在が大きかった。マニラには日本人の元暴力団関係者が約100人いたと言われ、彼らはクラブや置屋に関与したり、売買春のフロントとしてカラオケ・バーを開いたりして、利益を上げていた。その他に、日本の観光会社とタイアップして買春あっせんで儲ける日本人業者もいた。83年以降、日本人観光客が減ったため、彼らの儲けは激減するのだが、買春旅行でマニラに来たヤクザがそうした日本人の元ヤクザの業者と関係を作ったのである。

　一方、70年代にフィリピン人バンドを招請したコネクションが復活し、フィリピンと日本のリクルーターは今度はフィリピン女性に「興行（こうぎょう）」ビザを取らせて、日本に呼ぶようになった。日本のバー、クラブも人手不足に悩み、歌って踊れるフィリピン人女性は大歓迎だった。

　こうして、女性たちが「興行」ビザにより、来日するようになった。（元）ヤクザや日本人業者はフィリピン女性を日本に送り込めば、割のいい商売になる。フィリピン女性も本国なら月50〜100ドルの収入であるのに対し、日本なら月500ドル稼げる。女性たちを送り、受け入れる業者、業界、ならびに送り出される女性たちの利害が重なった［日名子 1986: 153］。こうして、買春観光がやや下火になるのとともに日本への出稼ぎが増えた。日本人男性のために主に日本人によって営まれていた買春観光業が儲からなくなったので、フィリピン女性を日本に送り込もうという流れである。この出稼ぎルートも、日本人男性のために主に日本の男性が仕組んだものだった。

　ここで「ジャパゆき」という言葉について説明しておきたい。1980年代、アジアから日本へ出稼ぎに来る労働者を指して、「ジャパン（日本）行き」から「ジャパゆき」という表現が生まれた。女性は「ジャパゆきさん」、男性は「ジャパゆき君」と呼ばれたが、単に「ジャパゆき」と言えば興行で働きに来る女性たちを指すことが一般的だった。1983年には山谷哲夫のドキュメンタリー映

画『じゃぱゆきさん――東南アジアからの娼婦たち』も製作された。この映画や山谷の著作『じゃぱゆきさん』(情報センター出版局．1986)、あるいは『別冊宝島　じゃぱゆきさん物語』(JICC出版局．1986)は娼婦やストリッパーを中心に取材しており、性的対象として「ジャパゆき」をとらえていた(ジャパゆきに関するイメージについては第4章参照)。

　やがて、日本のクラブ、バーの経営者がマニラを訪れ、直接、女性をスカウトするようになった。また、日本でもヤクザ以外のプロモーターが生まれ、マニラを訪れて女性をリクルートするようになった。こうして、日本のクラブ、バーの経営者が日本のプロモーターやマニラの業者に女性の手配を依頼するパターンが定着した。また、マニラではフィリピン人のリクルーターも増えていった。

　当初、エルミタ周辺の「ホスピタリティ・ガール」、「バーガール」の出稼ぎが多かったが、日本における「需要」の拡大に伴い、ルソン各地やビサヤ、ミンダナオにスカウト網が広がった。そうした過程で、「ホスピタリティ・ガール」、「バーガール」ではない多くの女性が歌手、ダンサーとして訓練を受け、「エンターテイナー」(芸人・芸能従事者)として興行ビザで来日するようになった。労働雇用省(DOLE＝Department of Labor and Employment)のもとに、82年に設立されたフィリピン海外雇用庁(POEA＝Philippine Overseas Employment Administration　27ページ参照)が歌や踊りの審査を行ない[4]、審査に通った者だけが日本大使館に興行ビザの申請をできるようになったのだ。

II．「興行」による来日

１現状

　2003年、こうした「興行」ビザで来日した外国人は13万3103人。国籍ではフィリピンが8万48人と最大で、全体の60.1%、次いで米国、中国、ロシアという順番だ[『国際人流』2004：21]。

---

[4] 2000年からはDOLEのもとにある技術教育技能開発庁TESDA(Technical Education and Skills Development Authority)が審査を担当するようになった。

また、2004年1月1日の時点で、入管法が定める期間を超えて滞在する「超過滞在」者総数は21万9418人（国籍別では韓国籍4万6425人、中国籍3万3522人、フィリピン籍3万1428人など）。超過滞在となった時点での在留資格は「短期滞在」「興行」「就学」「留学」「研修」その他である。在留資格「興行」を持っていた超過滞在者1万1974人中、最も多いのがフィリピン籍1万582人で、全体の88.4％である［同上書：24-26］。

　以上から計算すると、興行資格で来日する8万人に加えて、超過滞在（未登録）者[5]、約1万人を合わせ、計9万人のフィリピン人が「興行」に従事している。それも女性がほとんどである。フィリピンの統計によれば、2002年、日本の興行ビザをもらって日本に向かった海外芸能アーティスト（Overseas Performing Artist＝OPA）7万3246人中、女性は6万9986人で95.5％を占める。フィリピン政府は、ニュアンスのよくない「ジャパゆき」は論外として、客をもてなすと意味にも解釈しうるエンターテイナーという表現を避け、踊りや歌といった芸を披露するアーティストとしての側面を強調し、OPAという表現を用いている。OPAの最大受け入れ先は日本である。2002年、フィリピンから出国したフィリピン人OPA 7万3685人中、7万3246人（99.4％）が日本に向かい、日本以外は439人（5.6％）に過ぎない［ドーン・ジャパン 2003］。90年代に既にフィリピン人研究者マリア・バリエスカスは「男性を楽しませるために外国人を輸入している唯一の国というイメージに日本人は満足しているのだろうか」と疑問を投げかけている［バリエスカス 1993：130］。

　さらに、同年フィリピンから日本へ働きに出たフィリピン人は7万7870人。うちOPAが7万3246人だから、日本への出稼ぎのほとんど（94％）が女性による興行出稼ぎなのだ。他は研修ビザ2329人程度[6]である。日本における根強い需要、確立したフィリピン・日本でのリクルート・受け入れ態勢、フィリピンにおいて希望者の絶えないことなどが背景にある。こうして、超過滞在者を含むと、日本のパブ、クラブで働く外国人女性の7割はフィリピン人という状況

---

　[5] 超過滞在者は、90日以上日本に滞在する外国人に義務づけられる外国人登録も行なっていないことが多いことから、「未登録」外国人とも呼ばれる。外国人登録は外国人登録法に基づくもので、市区町村で行なう。なお、本書では、人びとに外国人を排除する意識をよりいっそう高める「不法残留」という表現は用いない。とりあえずオーバーステイ（超過滞在）という表現を使うことにする。［駒井 1999：50-53］も参照されたい。

になっている。

2 規定と実態との格差

では「興行」とは何か。来日する外国人に関しては、「出入国管理及び難民認定法」(通称「入管法」)が、「短期滞在」「留学」「教育」「研修」「外交」など、さまざまな在留資格を設け、滞在期間を定めている。外国人は各国にある日本大使館や領事館で各資格による入国許可(ビザ＝査証)を取り、来日する[7]。フィリピン女性は「興行」ビザを取得し、ダンサー、歌手として、来日する。

では、法律は「興行」をどう定めているのか。「入管法別表第一」は「演芸、演劇、演奏、スポーツ等の興行に係る活動又はその他の芸能活動」としている。さらに、「別表解説」によると、「興行とは見物人を集め、入場料をとって、演劇、演芸、演奏、スポーツ、映画、見せ物などを催すことを言う。バー、キャバレー、クラブに出演する歌手等が行なう活動も含まれる」そうだ[出入国管理研究会編 2000]。

そこで、外国人の入国に関して、審査基準を定めた「出入国管理難民認定法第7条第1項第2号の基準を定める省令」(平成2年5月24日法務省令第16号)によると、興行による入国申請者は次のどれかに該当しなければならないとされた。

　一イ（1）外国の国若しくは地方公共団体又はこれらに準ずる公私の機関が認定した資格を有すること。（2）外国の教育機関において、当該活動に係る科目を二年以上の期間専攻したこと。（3）二年以上の外国における経験を有すること。

---

[6] 研修生は男性の割合が高く、「研修・技能実習」ビザを取り、造船や製造業関係などで働く。1年間研修生、技能試験を通れば、その後2年間、技能実習生となる。研修生の間も通常の労働行為をするが、1ヵ月5万円程度の研修手当しか出ない。技能実習生の間は、日本の最低賃金水準である。なお、日系フィリピン人は3年有効の「定住」ビザを取るので、海外雇用庁が管轄する「海外出稼ぎ労働者」(OFW＝Overseas Filipino Workers)の枠に入らず、フィリピンの統計上、「出稼ぎ」とはみなされない。ビザは更新可能で、家族も呼べる。

[7] ただし、アメリカ軍人の駐留、米国民など一部の国から観光訪問(短期滞在)にはビザを免除される。

(1)については、フィリピン政府が認定するアーティスト・レコード・ブック（ARB＝Artist Record Book　芸能人興行手帳。22ページ参照）、韓国の「社団法人　韓国演芸人国外送出協議会」が認定する「国外就業演芸人資格」が該当していた。

　しかし、2005年2月15日、この審査基準は改正され、3月15日より改正が施行された。国連や米国から、日本が国際的人身売買に関わっている、特に興行ビザによる入国がその温床になっていると批判されたからである。その改正によれば、(1)規定が削除され、「興行」の在留資格で日本に上陸しようとする外国人は(2)か(3)のいずれかの要件を満たさなければならない。なお、報酬の額が500万円を超える場合、国・地方公共団体が招聘する場合、レコードの楽音等を行なう場合などは除くとする[法務省ニュースリリース2005年2月22日]。

　フィリピン人芸能人＝OPAの大部分はARB(アーティスト・レコード・ブック)によって、興行ビザを取得してきた。改正は厳格に適用されたため、興行ビザによる入国は全体で2004年の13万4879人（うちフィリピン人は8万2741人）から、2005年の9万9342人（同4万7765人）、06年4万8249人（同8608人）と激減した。

　また、この省令は条項一ハにおいて、「(興行資格の＝筆者注)申請人の出演する施設が次に掲げるいずれの要件にも適合すること」と規定している。引用すると、

(1)不特定かつ多数の客を対象として外国人の興行を行う施設であること。
(2)風営法[8]第二条第一項第一号又は第二号に規定する営業(キャバレー、待合、料理店、カフェー＝筆者注)を含む施設である場合は、次に掲げるいずれの要件にも適合していること。
(ⅰ)専ら客の接待に従事する従業員が五名以上いること。
(ⅱ)興行に係る活動に従事する興行の在留資格をもって在留する者が客の接待に従事するおそれがないと認められること(傍点は筆者)。

　では、接待とは何だろうか。風営法は「接待とは歓楽的雰囲気を醸し出す方

---
[8] 風俗営業法。正式名称＝風俗営業等の規制及び業務の適正化等に関する法律。

法により客をもてなすこと」(第二条2)と定めている。1985(昭和60)年警察庁保安部作成による風営法の解釈基準によると、「談笑、お酌、客の歌に手拍子をとり、拍手をし、ほめそやす、客といっしょに歌う、手を握ったり、体を接触させるのは接待、カウンターで酒を提供したり、社交儀礼の握手は接待にあたらない」そうだ。

つまり、省令16号は、興行ビザで働く外国人の「出演先」は談笑、お酌、いっしょに歌を歌う、手を握るといった「接待に従事するおそれがない」場所に限ると定めている。そうした「接待」を禁止しているのだ。大阪府作成の資料によると、バー、キャバレーなど、風営法の規定する「接待」を業として行なう店で出演する外国人芸能人に「不適当な活動」が多かったため、上述のように、省令＝入国基準が改正されたという[http://www.pref.osaka.jp]。

他方、後述のマリクリス・シオソン事件を受けて、日本で働くフィリピン女性OPAを保護するために、91年、フィリピン海外雇用庁は覚書1号(Circular No. 01)を発布し、「OPAは受付嬢やホステスとして働いたり、客と同伴(デート)したり、ヌードショーなど、上品でない行為を要求されてはならない」と命じた[Jimenez-David 2002]。「海外芸能アーティスト」として女性たちは派遣されているのだから、当然とも言える内容だった。

しかし、実際、日本のクラブ、バーのステージ上だけで歌を歌い、踊りを披露する女性は少数である。多くは客の近くに座り、談笑の相手をし、飲食物を提供して、「接待」に従事させられる。前述のバリエスカスも同胞女性が日本人客の隣に座り、「接待」しやすいように、「おみせ」が席の配置をしていると指摘。さらに彼女たちが酔っ払い客に触られたり、キスや売春を強要されるケースもあり、3つのH(haplosタッチ、halikキス、hubad裸)の危険にさらされていると論じた[バリエスカス 1993]。

入管もプロモーターやお店が「接待」目当てに女性をリクルートしていることは百も承知だろう。例えば、91年、法務省大阪入国管理局大阪空港出張所の入国審査官が岡山と高松のリクルーターから謝礼を受け取って、外国人ダンサーの入国審査や在留許可に便宜を図り、逮捕された。この審査官は女性たちが送り込まれたクラブで自ら入国審査した女性をはべらせ、業者から「接待」を受けていた[『朝日新聞』『毎日新聞』1991年2月11日]。

確かにバー、クラブに出演する歌手、ダンサーはあくまでステージの上だけで「興行」すべきというのが省令の趣旨だろう。クラブ通の友人は言う。

「時々、入管の人が店に来て、女性たちが接客していないか、確かめています。でも、そういう時、女性たちは客のそばに来ない。入管が来るのを店は事前に知っているようです」

いずれにせよ、後述するように、客は女性たちが目当てだ。女性で呼び込む店、儲けるプロモーターも、省令の言うとおりにしていたら商売にならない。「興行」という在留資格と「接待」という現実とがかけ離れている。

梶田孝道はこう指摘する。

「本来の興行ではなく、興行と重なる形で接客サービスを行う外国人女性に対して、興行ビザが交付されてきた…この悪名高い事例ほど在留資格と実態の乖離を示すものはない」［梶田 2001: 202］。

省令16号を発したとはいえ、業界の人手不足に対応し、特定の国の女性を対象に、特定の職にのみ門戸を開放してきた入管行政の矛盾が現れてきた。バリエスカスも「日本の労働市場は基本的に未熟練の外国人労働者に門戸を閉ざしてきた。対照的に圧倒的に女性が多いフィリピン人エンターテイナーにはずっと簡単にビザを発効してきた」と指摘する［バリエスカス 1993: 1］。「研修」や日系人「定住」ビザを通じ、「未熟練」外国人労働者を受け入れている現在と比べ、門戸がより狭かった80年代後半から、フィリピン女性たちには「興行ビザ」が発給されてきたのだ。

さらに、2005年、前述のように人身売買の隠れ蓑という批判を受けて、入国審査基準が厳格化された。東京入管局長・坂中英徳氏も、基準をさらに改正し、外国人芸能人の出演先から「風俗店」をすべて除外という思い切った措置をとるべきだと述べている［『週刊朝日』2005年3月11日号: 135］。2005年の基準改正に関しては、女性の権利を守る点からフィリピンのNGOは歓迎しているといわれる［高畑 2005a］。ただし、名古屋でフィリピン人を支援するNGOのフィリピン人職員によれば、改正後、在マニラ・日本大使館では日本への短期滞在によるビザ申請が増加しているとも聞く。つまり、パブ・クラブで資格外活動として働き、さらにビザの期限を越えて働く超過滞在者が増えるのではないか、という懸念も出ている。

Ⅲ．OPA をめぐる事件と政府の対応

1 マリクリス・シオソン事件など

　フィリピンから来た OPA がどのような体験をしてきたか、見ていこう。1991年9月、福島県でダンサーとして働いていたマニラ出身のマリクリス・シオソンさん(当時22歳)が死亡した。9月7日、同僚のフィリピン女性に付き添われて病院に入院、1週間後に亡くなった。地元の病院は劇症肝炎が死因と診断したが、母国に送られた遺体を検死した国家捜査局の医師は10ヵ所以上の刺し傷、打撲傷、切り傷を確認、鈍器のようなもので頭を殴られたのが致命傷だと発表した。事件は日本、フィリピンのマスコミで大きく取り上げられ、マニラの日本大使館前では、人権団体が真相解明を求め、抗議集会を開いた。当時のコラソン・アキノ大統領(女性)も変わり果てた遺体の写真を見て、衝撃を受け、ルーベン・トレス労働長官を日本に派遣した。福島で調査を行なったトレス長官は、不信感をぬぐえないが、他殺を断定する証拠も得られなかったと述べて、日本を去った[『毎日新聞』1991年10月8日]。

　同僚のフィリピン女性によれば、シオソンさんは4月に来日してからまもなく寡黙になり、たびたび欠勤した。そのうち、市販の咳止めシロップを常用するようになり、まともに食事もしていなかったという。アパートでは外出の自由がなかった。入院先の病院では暴れたらしく、両手が縛られていたそうである。8月にマニラの家族に送った手紙で、彼女は「私はもうここにいられない、気が狂いそう。ここはとても大変」と苦しい状況と早期帰国の希望を記していた。また、同年3月このクラブから9人のフィリピン女性が集団脱走する事件があり、以降、クラブは契約終了まで女性たちに月給を払わないシステムをとっていたという。つらい労働環境で精神的バランスを崩し、薬におぼれていたマリクリスさんの姿が浮かび上がる[『毎日新聞』1991年10月18日]。

　当時、シオソンさんは他殺か病死だったかが真相究明の争点となった。しかし、22歳の若い女性が肝炎で死亡すること自体、大きな問題ではなかったか。残業が多いだけでなく、実質監禁状態に置かれ、彼女の人権は明らかに無視されていた。病状が悪化するまで放置したことに関して雇用者側＝クラブ経営者

第1章　フィリピン女性による日本への出稼ぎ　　　　　　　　　　21

映画『ジャパユキ・マリクリス・シオソン』のポスター［*Daily Yomiuri* 23 September, 1993］

の責任は明らかだった。事件後、フィリピンで製作・上映された映画『ジャパユキ・マリクリス・シオソン』(ルファ・グティエレス主演)は、日本のヤクザが彼女を残虐に殺す場面を描いた。病死であれ、他殺であれ、その無惨な死は異郷から日本へ働きに来た女性がどのような境遇を強いられたかを如実に示して

いた。

　同じ頃、愛媛県松山市ではフィリピン人女性18人を監禁、暴行、脅迫して、ホステスとして働かせていたキャバレー社長や店長5人が逮捕された。5人は91年7月下旬から9月初旬まで、フィリピン人女性ダンサーに休日なしで3つの店で1日12時間の長時間労働をさせた上、売春を強制した。女性たちが拒否すると、彼らは殴る蹴るの暴行を加えた。彼女たちはビル屋上のプレハブ小屋に住まわされ、午前4時から午後3時まで出入り口に錠をかけられて監禁された。深夜、仕事を終えて部屋に戻ってから店に出る時間まで、真夏の暑さの下で蒸し風呂のようになる小屋に閉じ込められたのである。給与は帰国時に払われる契約で、1週間に18人全員で食費4万円、米20kgしか与えられず、1日1食にしかならなかったという〔『毎日新聞』愛媛版　1991年9月19日〕。

　さらに、89年、名古屋のスナック「ラパーン」でフィリピン女性たちが売春を強制され、暴行を加えられて、経営者が逮捕された「ラパーン事件」〔あるすの会編 1990〕、91年、救いを求めてきたタイ女性を三重県警鈴鹿署が暴力団関係者に引き渡した事件など、当時、フィリピンやタイ女性が虐待されるケースが続いた。

2 政府などの対応

　事態を重く見たフィリピン政府は91年12月、年齢23歳以上でフィリピン国内で興行の仕事を1年経験した者だけに日本への興行出稼ぎを認める措置をとった。また、日本の招請者、つまりプロモーターやクラブに対して、就業場所、連絡先、所有者の名前などをPOEA（フィリピン海外雇用庁）に提出することを義務付けた。前述の、受付嬢やホステスとして働くことを禁じた海外雇用庁による覚書もこうした流れの中で発せられた。

　さらに、94年、アーティスト・レコード・ブック（ARB　芸能人興行手帳）という制度を導入。海外に興行労働に出る労働者に対して、実技試験を実施するPOEAが合格者にARBを発効するというものだ。ARBには、知識や能力証明、海外雇用経験を含む個人データが記載され、興行出稼ぎを希望する人はARBを添えて日本大使館・領事館にビザを申請することになった。労働者の技能を審査し、技能を備えた人のみを送り出すという趣旨である。これにより、日本

への興行出稼ぎ数は一時的に減少した[9]。

　1995年3月、シンガポールでフィリピン人家事労働者フロア・コンテンプラションが殺人罪で処刑された。冤罪という声もあがり、海外出稼ぎに経済を依存する政府に対する批判がフィリピン国内で高まった。世論に動かされて、フィリピン政府は1年間、シンガポールへの出稼ぎを禁止するとともに、海外労働調査委員会を組織して調査にあたらせた。委員長を務めた元最高裁判事の名前から「ガンカイコ委員会」と呼ばれたこの委員会は、海外労働を段階的に減らし、代わって国内雇用を増やすべきだと提言した。そして、中東諸国への女性家事労働者の派遣を早急に削減し将来的に廃止する、全世界への家事労働者派遣も段階的に廃止し2000年までには全面廃止する、さらに日本、ギリシャ、キプロスへの女性エンターテイナーも段階的に廃止するように求めた［小ヶ谷2000：160］。政府の調査委員会がフィリピンの国策ともなっていた海外労働の削減、廃止を求めたのは画期的なことだった。

　また、フィリピン政府は「移民労働者と海外フィリピン人に関する95年法」（共和国法第8042号）を制定した。同法は、経済成長を維持し国家開発を達成する手段として、海外雇用は奨励せず国内の雇用機会を増やして富と開発の利益の公正な分配を図ると規定した。国外からの送金に依存せず、まず国内経済を成長させる、そして将来的に海外出稼ぎも減らし、自立的な経済を築いていく、というもので、これは正当な主張であった。実際、95年（GDP成長率4.8％）、96年（同5.7％）と国内経済が比較的安定成長を示し、海外出稼ぎ者数は94年の56万人から、95年49万人、96年48万人と減少した（97年〈GDP 5.1％〉には55万人に増加）。

　しかし、97年後半のアジア通貨危機、エルニーニョ現象による干ばつのため、フィリピン経済は98〜99年に危機を迎えた。例えば、98年は会社の倒産、操業短縮、人員整理が続き、失業、半失業はあわせて30％近くに及び、GDP成長率は0.6％にとどまった。海外出稼ぎは史上最大の75万人に増えた。加えて2000年後半にはジョセフ・エストラーダ大統領の汚職疑惑で、政治的にも混乱した。

---

[9] その後出稼ぎは増大し、2002年には、実技試験の合格率は73％に達した［Rina 2002］。なお、2004年9月より、ARBはアーティスト認定カード（ACC）へと名称を変えた。

こうした国内経済の低迷を受け、フィリピン政府はガンカイコ委員会答申や移民労働者法の立場から、方針を転換し、海外労働の積極的奨励に転じた。2000年には日本への興行出稼ぎも年齢制限が20歳まで下げられ、2004年11月現在、18歳となった。

　他方、90年代以降の興行出稼ぎに関連する日本政府の対応としては、前述の「接待禁止」を含む就労の「適正化」(90年)、上陸許可基準の改正(2005年)以外、増加する外国人むけの法務省による人権相談(都道府県法務局が担当)、司法通訳の拡充努力(タイやフィリピンの女性が被告となるケースなど)［津田 2003］などがある。

　また、日本とフィリピンにはフィリピン女性OPAに支援を提供するNGOがいくつか結成され、根強く活動に取り組んできた[10]。

Ⅳ. フィリピンの海外出稼ぎ事情

1 概況

　ここで、世界でも有数の出稼ぎ大国、フィリピンからの海外出稼ぎ事情を見てみよう。出稼ぎ労働者、移住者を含め、フィリピンからの海外在住者は800万人に達する。これは全人口8000万人の10％にあたる。2004年POEA年報によると、同年の海外出稼ぎ者は93万3588人であり、2003年の86万7969人より7.6％増加した。香港、台湾などでのSARS(急性肺炎)発生、米軍によるイラク侵攻、他国との競争などにより減少した2003年を除き、その数は2004年まで年間2％の割合で増えてきた。

　海外出稼ぎ者93万人のうち、船員が約23万人、残りの70万人は建設、サービス業など陸上で働く仕事である。陸上労働者のうち約28万人が新規派遣、ほぼ42万人が繰り返しであり、出稼ぎを繰り返す労働者が多いことがよくわかる。

　2004年、陸上労働の新規雇用中、最も多いのが日本(7万1166人)、次いでサ

---

[10] フィリピンでは、バティス・センター Batis Center for Women、ドーンDAWN＝Development Action for Women Network、日本では、聖公会系のカパティラン Kapatiran(東京)、Open House(さいたま)、名古屋のFilipino Migrants Center(FMC)、大阪のアジアン・フレンド Asian Friend、リンク RINK などがある［ドーン編著 2005］。バティス・センターについては［武田編著　2005］参照。

ウジ・アラビア（5万8363人）、台湾（3万4030）人、アラブ首長国連邦（UAE）（2万6653人）、クウェート（2万2640人）となっている。再雇用ではサウジ・アラビア（12万9744人）、香港（7万743人）、アラブ首長国連邦（4万1733人）、イタリア（2万3022人）、シンガポール（1万9746人）という順である（**表1** 参照）。

また、際立った傾向として、女性労働者の割合が大きいことが挙げられる。2003年新規出稼ぎ労働者のうち女性は73％、男性は27％だった。2004年には新規サービス労働者（家事労働者、介護士、ウェイトレス、バーテンダーなど）が2003年の8万4021人から11万2812人に増加したが、女性がその90％を占めているという。この点に関して、小ヶ谷は1980年代後半から90年代にかけて、フィリピンからの海外出稼ぎの傾向には①就労先のアジアへのシフト、②サービス業比率の増加、③女性比率の増加、という3つの特徴があると指摘する［小ヶ谷 2000a: 168］。

70年代後半には男性が中東諸国へ建設労働者として出稼ぎに出ることが多かったが、80年代後半以降、香港、シンガポール、中東へ家事労働者、日本へエンターテイナーとして、出稼ぎに出る女性が増えたからである。このように、海外労働において女性の割合が増える現象はフェミナイゼーション（女性化）と呼ばれ、娘が親や兄弟、妻が家族の生活を支えることも少なくなくなった。

実際、フィリピン経済はこうした海外からの送金によって支えられている。海外在住・出稼ぎのフィリピン人は家族・親戚など、平均5人のフィリピン人を扶養していると言われる。逆にフィリピン全人口の少なくとも40％が海外フィリピン人からの送金から恩恵を受けているという［AMC, ASPBAE and MFA 2001: 66-67］。例えば、マニラ、セブ、ダバオといった都市では大型ショッピングモールが増えており、衣食住医療の基本を充たせない絶対的貧困層が国民の3～4割[11]と推定されるのに、モールはにぎわっている。モールには銀行や両替店があり、海外から送られてきたドル、円、サウジ・アラビア・リヤルなどをペソに換金する人々が行列を作っている。海外送金に頼っている庶民の状況を象徴する光景である。

また、都市の低所得層地域や農村で立派な新築の家を見かけることがあるの

---

[11] 国家統計調査局（NSCB）は2003年24.7％としている。しかし、年間の所得1万1000ペソ以下を貧困層としており、基準を低く設定しているため、貧困率が低く推計されている。

表1 フィリピンからの出稼ぎ先・人数

A 新規派遣労働者・行き先上位10カ国と人数（陸上労働） 2004年

順位・国・地域名	人数
1. 日本	71,166
2. サウジ・アラビア	58,363
3. 台湾	34,030
4. アラブ首長国連邦	26,653
5. クウェート	22,640
6. 香港	16,511
7. カタール	10,919
8. レバノン	6,155
9. バーレーン	3,683
10. 韓国	3,516
その他	41,278
総計	294,914

B 再雇用労働者・行き先上位10カ国と人数（陸上労働） 2004年

順位・国・地域名	人数
1. サウジ・アラビア	129,744
2. 香港	70,743
3. アラブ首長国連邦	41,733
4. イタリア	23,022
5. シンガポール	19,746
6. 英国	16,314
7. クウェート	13,951
8. 台湾	11,029
9. カタール	10,441
10. ブルネイ	7,900
その他	75,051
総計	419,674

出所：POEA, *Annual Report 2004*, pp. 10-11

表2 海外フィリピン人労働者の派遣先上位10ヵ国（新規派遣と再派遣合計）

順位	国名	2003年の派遣数	2002年の派遣数	両年間における増減（％）
1	サウジ・アラビア	169,011	193,157	-12.5
2	香港	84,633	105,036	-19.42
3	日本	62,539	77,870	-19.69
4	アラブ首長国連邦	49,164	50,796	-3.21
5	台湾	45,186	46,371	-2.56
6	クウェート	26,225	25,894	1.28
7	シンガポール	24,737	27,648	-10.53
8	カタール	14,344	11,516	24.56
9	英国	13,598	13,633	-0.26
10	イタリア	12,175	20,034	-39.23

出所：POEA, *Annual Report 2003*, p. 14.

で、聞いてみると、娘さんが日本に「エンターテイナー」として出稼ぎ中とか、夫がサウジで働いているとかという。夫婦が離れ離れとなり、子どもが母親や父親に会えるのは親が一時帰国する時、年に1〜2ヵ月というパターンもよくある。

2 国家政策

1982年、海外雇用開発局、雇用サービス局、国家船員局を統合して、海外雇用庁POEA（Philippine Overseas Employment Administration）が設立された。目的は失業対策としての海外雇用奨励、外貨獲得、海外技術の取得だった。そして、86年以降、海外フィリピン人による送金は、国家最大の外貨獲得源となった。88年、送金額は8億5681万ドルであり、最大の輸出品目・半導体による6億9300万ドルを越えた。98年には49億ドル、国民総生産（GNP）の7.2％、総輸出額の16.7％に相当した。

アジア通貨危機が波及した98年には、倒産した企業も多く、国内雇用の増加は20万弱だったが、海外雇用派遣は76万人で、その3倍以上に達した。海外雇用は経済に不可欠な要素となった。2003年には送金額は史上最大の76億ドル、国家の外貨獲得源の16％に達した。これは国内総生産の10％に相当するという［POEA 2003］。2004年の国家の対外債務支払いに必要な額は65億ドルであり、海外フィリピン人からの送金は85億ドルに達した［*Manila Times*, January 26, 2005］。

このように、海外労働力は国家経済を支え、最大の「輸出品目」となった。それだけに、フィリピン政府は海外フィリピン人労働者（OFW＝Overseas Filipino Workers）を「国家の英雄」と讃えてきた。アキノ以降、歴代の大統領はクリスマスで帰国したOFWをニノイ・アキノ国際空港で出迎える。空港内の垂れ幕には「Welcome! Overseas Filipino Workers　お帰りなさい！　在外フィリピン人労働者」と大きな文字が躍っている。

3 社会経済的背景

なぜ、人々が国外で職を求めるのか、社会経済的背景を考えてみよう。第1に、国内の低賃金と国際的収入格差がある。2005年6月現在、マニラ首都圏の

非農業部門における法定最低賃金は1日325ペソ（基本給275ペソ＋緊急生活手当50ペソ）、1ペソは約2円なので約650円だ[12]。しかし、多くの中小・零細企業では最低賃金が支払われない。5人家族が衣食住医療の基本的な必要を満たすには1日593ペソ必要だが[*Malaya*, 22 April, 2004]、それだけ稼ぐ人は中流階級以上に限られる。実際、アテネオ・デ・マニラ大学の社会調査研究所（Social Weather Station）によると、2001年3月、調査対象になった世帯のうち、59％は自分の家族は「貧困である」と評価し、16％は過去3ヵ月間に「飢え」を経験したという[*Philippine Daily Inquirer*, 6 July, 2001]。

だが、香港で家事労働者として働くと、1ヵ月400～500米ドル稼げる（2万～2万5000ペソ）。公務員も初任給が1万ペソなので、退職して海外に出稼ぎに出る[13]。また、マニラの法定最低賃金も日本の時給水準以下だ。逆に、日本で1時間働けばマニラの日給以上が稼げ、「興行」ビザで1ヵ月10万円稼げばフィリピンの公務員初任給の5倍となる。如実な格差がある。

次に、失業率。2005年1月、完全失業率は11.3％、1週間に40時間以下しか働けない不完全就業が16.1％で、計27.4％に達している。つまり、労働人口の4分の1以上が仕事なしか、十分な収入を得られない。近年、経済成長率は2～3％に達しているが、雇用が十分生まれず、「雇用なき成長」状態が続く。

また、政府による福利政策の貧しさも指摘できる。政府は外国政府や銀行、世界銀行、IMF（国際通貨基金）、ADB（アジア開発銀行）などから資金を借りてきたが、債務が膨れ上がり、2004年末には548億ドルに達した。政府開発援助ODAの最大の提供国は日本である。2004年、日本政府に対するフィリピン政府の債務額は145億ドル、対外債務全体の26.45％を占める。国家予算の40％はそうした債務の支払いに使われ、他の10％は軍事予算。残った半分弱から、経済、社会部門へ予算が配分されるため、教育、住宅、医療、社会福祉が手薄になる。2005年の予算でも教科書予算8億ペソは債務支払いの半日分に過ぎない。少しでも債務支払いが減れば、国民の福利向上につながるのだ。

---

[12] 農業、100病床以下の私立病院、15人以下雇用の小売り・サービス業、10人以下雇用の製造業では基本給238ペソ＋緊急生活手当50ペソで計288ペソ。
[13] 2000年に元国家経済開発庁（NEDA）の地方支局に務めていた30歳代のフィリピン女性に香港で会ったことがある。家政婦として働きに来て既に10年、故郷の北部ルソンで小学校教師の職もあるが、給料が半分以下なので戻る気はないと言っていた。

鉄道線路沿いの低所得層地域。マニラ首都圏マカティ市

　公立の小学校やハイスクール(中高一貫で4年)の施設も老朽化し、教室内に電気がなく、窓からの日光だけが頼りというところが多い。充実した教育を望む親は子どもを私立学校へ通わせたいと望むが、学費が高い。また、公共住宅が不足し、自分の家は自力で建てるしかない。公立病院では低所得層に治療費を減免してくれるが、高価な薬には保険がきかず、医療負担は大きい。こうして、社会厚生制度が十分に整備されていないため、親が家族を、あるいは子どもが親、兄弟を支えるべく、海外に職を求める[14]。
　こうして、日本など外国政府や銀行に対する借金の返済、加えて軍事支出のため、国民の福利向上は切り詰められる。裕福なエリート層はさておき、窮状から逃れるために、国外に出る資金やコネを持つ人は海外で働いたり移住したりする。だが、パスポートその他の書類、リクルーターへの支払いを含め、海外労働・移住にも一定の資金が必要である。国外に出られない低所得層は苦しい生活でもがんばって生きる。あるいは海外に出た親戚に助けてもらう。こう

---

[14] 端的に言えば、国内で十分な収入をもたらす就業機会があれば、海外労働・移住は減るだろう。本文で記したように、比較的経済が安定し、国内雇用も増えた90年代半ばには海外労働派遣は減少した。そうした国内雇用の拡大、自立的な経済の構築をになう産業として、地場産業の役割は大きい。[佐竹1998; Satake 2003]はその視点から魚醤と鍛冶産業を検討している。

して、日本で働くフィリピン人 OPA も毎年 2 億ドル近いお金を送金したり、あるいは持ち帰ったりして、親、家族、親戚を支えてきた。そして、そうした出稼ぎはフィリピン女性と日本人男性との出会いをもたらしてきた。

第2章　フィリピン-日本国際結婚

佐竹眞明

Ⅰ. 日本の国際結婚

■1 推移と現状

　「国際結婚」[1]というと、日本人女性と米国人男性との結婚を思い浮かべる方がいるだろう。事実、日本がアジア太平洋戦争(1941〜45)に負けた戦後、夫や恋人を戦争で失った日本女性も多かった。1945〜52年、日本は米軍が主導する国連進駐軍に占領され、国土も荒廃し、経済的にも貧しかった。飢えて、体格が劣る日本人男性と比べ、当時世界で最も物質的に豊かだったアメリカを象徴し、日本人より背が高く、体格も立派な米軍将校・兵士は日本女性のあこがれともなった。アメリカ人と結婚して、金持ちの国、米国に移住する。それが、戦後から、1960年代頃までの華やかな「国際結婚」のイメージだった。こうして、戦後、米軍関係者と結婚する5万〜6万人に及ぶ「戦争花嫁」が生まれ、沖縄や本土の米軍基地周辺に住む女性がアメリカ人と結婚するという例が多かった[Matsumoto 1991]。

　1956〜73年の高度経済成長期を経て、80年代、日本は「経済大国」、「先進工業国」となった。そして、南の国々との経済格差を背景に、80年代半ばから、

---

[1] Cross-cultural marriage.「国」よりも「文化」「民族」の違いが重要という視点から、英語ではInternational marriages(国際結婚)より、Intercultural marriage(異文化間結婚)、Interracial marriage(異民族・人種間結婚)という表現の方が妥当という主張がある。両者を含めてIntermarriages(異文化・異民族結婚)とも表現される。[Cahill 1991: 4-5]。日本の国際結婚については[嘉本 2001]。

表3　日本における婚姻件数、年次×夫妻の国籍別（1975～2006年）

国　籍	1975年(昭和50)	1985年(昭和60)	1990年(平成2)	1991年(平成3)	1992年(平成4)	1993年(平成5)	1994年(平成6)	1995年(平成7)
総　数	941,628	735,850	722,138	742,264	754,441	792,658	782,738	791,888
夫妻とも日本	935,583	723,669	696,512	717,105	728,579	766,001	756,926	764,161
夫妻の一方が外国	6,045	12,181	25,626	25,159	25,862	26,657	25,812	27,727
夫日本・妻外国	3,222	7,738	20,026	19,096	19,096	20,092	19,216	20,787
妻日本・夫外国	2,823	4,443	5,600	6,063	6,439	6,565	6,596	6,940
夫日本・妻外国	3,222	7,738	20,026	19,096	19,096	20,092	19,216	20,787
妻の国籍								
韓国・朝鮮	1,994	3,622	8,940	6,969	5,537	5,068	4,851	4,521
中国	574	1,766	3,614	3,871	4,638	4,691	4,587	5,174
フィリピン	…	…	…	…	5,771	6,394	5,999	7,188
タイ	…	…	…	…	1,585	1,926	1,836	1,915
米国	152	254	260	243	248	244	241	198
英国	…	…	…	…	99	89	90	82
ブラジル	…	…	…	…	645	625	590	579
ペルー	…	…	…	…	138	166	146	140
その他の国	502	2,096	7,212	8,013	762	889	876	990
妻日本・夫外国	2,823	4,443	5,600	6,063	6,439	6,565	6,596	6,940
夫の国籍					…			
韓国・朝鮮	1,554	2,525	2,721	2,666	2,804	2,762	2,686	2,842
中国	243	380	708	789	777	766	695	769
フィリピン	…	…	…	…	54	58	46	52
タイ	…	…	…	…	13	22	17	19
米国	631	876	1,091	1,292	1,350	1,381	1,445	1,303
英国	…	…	…	…	168	220	190	213
ブラジル	…	…	…	…	152	146	147	162
ペルー	…	…	…	…	56	81	74	66
その他の国	395	662	1,080	1,316	1,065	1,129	1,296	1,514

注：フィリピン、タイ、英国、ブラジル、ペルーについては平成4年から調査しており、1991(平成3)年までは「その他の国」に含まれる。
資料：厚生労働省統計情報部「人口動態統計」各年

1996年 (平成8)	1997年 (平成9)	1998年 (平成10)	1999年 (平成11)	2000年 (平成12)	2001年 (平成13)	2002年 (平成14)	2003年 (平成15)	2004年 (平成16)	2005年 (平成17)	2006年 (平成18)
795,080	775,651	784,595	762,028	798,138	799,999	757,331	740,191	720,417	714,265	730,971
766,708	747,400	754,959	730,128	761,875	760,272	721,452	704,152	680,906	672,784	686,270
28,372	28,251	29,636	31,900	36,263	39,727	35,879	36,039	39,511	41,481	44,701
21,162	20,902	22,159	24,272	28,326	31,972	27,957	27,881	30,907	33,116	35,993
7,210	7,349	7,477	7,628	7,937	7,755	7,922	8,158	8,604	8,365	8,708
21,787	20,902	22,159	24,272	28,326	31,972	27,957	27,881	30,907	33,116	35,993
4,461	4,504	5,143	5,798	6,214	6,188	5,353	5,318	5,730	6,066	6,041
6,264	6,630	7,036	7,810	9,884	13,936	10,750	10,242	11,915	11,644	12,131
6,645	6,036	6,111	6,414	7,519	7,160	7,630	7,794	8,397	10,242	12,150
1,760	1,688	1,699	2,024	2,137	1,840	1,536	1,445	1,640	1,637	1,676
241	184	215	198	202	175	163	156	179	177	215
88	90	65	81	76	93	85	65	64	59	79
551	488	417	333	357	347	284	295	256	311	285
130	156	138	128	145	142	126	139	137	121	117
1,022	1,127	1,335	1,486	1,792	2,091	2,030	2,427	2,589	2,859	3,299
7,210	7,349	7,477	7,628	7,937	7,755	7,922	8,158	8,604	8,365	8,708
2,800	2,674	2,635	2,499	2,509	2,477	2,379	2,235	2,293	2,087	2,335
773	834	787	836	878	793	814	890	1,104	1,015	1,084
56	61	81	101	109	83	104	117	120	187	195
25	31	38	64	67	55	45	62	75	60	54
1,357	1,374	1,299	1,318	1,483	1,416	1,488	1,529	1,500	1,551	1,474
234	225	240	228	249	267	317	334	339	343	386
199	233	204	222	279	243	231	265	268	261	292
58	99	122	123	124	135	137	125	122	123	115
1,708	1,818	2,071	2,237	2,239	2,286	2,407	2,601	2,783	2,738	2,773

前述のフィリピン女性労働者だけでなく、他の諸国からも女性、男性労働者が増え、外国人と出会う機会も多くなった。行政や業者が仲介する国際結婚も増えた。海外旅行やビジネスにおける出会いも増大した。

　表3を見てみよう。1991年度まで当時の厚生省は婚姻統計上、フィリピン、タイ、ブラジル、ペルー、英国を「その他の国」として一括しており、そうした国々の出身者との結婚について、個別の数がつかめない。そこで、フィリピン外務省・海外フィリピン人に関する委員会CFO(Commission on Filipinos Overseas)の数字も参照する。

　CFOの統計で確認できる最も古い年1989年、日本へ出国したフィリピン人はフィアンセビザ524件、配偶者ビザ1625件をあわせ、計2149人だった。日本の現在の婚姻統計から判断して、そのうち男性は多くても50人程度で、日本人と結婚したフィリピン女性は約2000人だったと推測される。他方、厚生省統計では、同年、日本人と結婚した外国人女性で最も多かったのが韓国・朝鮮7685人、次いで中国3291人、「その他の国」6613人となる。CFO統計では結婚のため日本へ出国したフィリピン女性は2000名なので、「その他の国」に含まれたフィリピンは第3位だったと思われる。

　翌90年、厚生省統計によると、国際結婚の相手で多かったのが韓国・朝鮮女性8940人、次いで中国女性3614人。他方、CFO統計によると、日本へ出国したフィアンセビザ取得者は911人、配偶者ビザは3909人で、計4820人。男性数を仮に50人として、差し引くと、女性数は約4700人となり、日比結婚が日本における国際結婚の2位になったと推測される。

　さらに、91年、国際結婚相手で最多だったのが韓国・朝鮮籍の女性で6969人、次いで中国女性3871人だった。CFO統計では、日本人との婚約・結婚のためフィリピンから出国したフィリピン人は4910人。女性は4800人余りとみなされ、日比結婚は90年同様2位だったと思われる。

　そして、92年、厚生省がフィリピン人の個別統計を示すと、日本人男性との婚姻は5771人で、韓国・朝鮮女性との結婚5537組を抜いていた。3位は中国4638人、以下、タイ1585人、ブラジル645人、米国248人、ペルー138人、英国99人だった。こうして、80年代後半から日比結婚は増え、92年から96年度まで日本における国際結婚のトップとなった。だが、97年以降は中国人女性と日本

人男性との結婚がそれを上回るようになる。

　次に現状を紹介しよう。2006年の統計では、日本における婚姻総数73万971件のうち、「夫婦の一方が外国」という婚姻は4万4701件で、6.12％を占める。新婚夫婦20組に1組以上は新婦か新郎が外国籍なのだ。日本人男性と外国人女性との組み合わせが3万5993組で、国際結婚の80.5％を占め、他方、外国人男性と日本人女性との結婚は8708組で19.5％にすぎない。「異文化間結婚」の8割以上が外国人女性との婚姻なのである。

　外国人妻の国籍を見ると、中国1万1915、フィリピン8397、韓国・朝鮮5730、タイ1640、ブラジル256など。地理的に近い東アジア、東南アジア、日系人として「定住ビザ」で滞在する南米出身者やその家族が多い。定住資格は、90年に変更された入管法で日系人およびその子孫に対して設けられた。3年日本に滞在でき、就労職種に制限はなく、家族も呼べ、ビザも更新可能である。

　他方、外国人夫の国籍は、韓国・朝鮮2293、米国1500、中国1104、英国339、ブラジル268、ペルー122、フィリピン120などである。いずれの場合も、「韓国・朝鮮」は在日韓国・朝鮮人＝在日コリアン[2]との結婚を含む。

　こうして、日本における結婚は日本人の独占でなくなった。子どもの出生についても、東京23区内では、新生児の2割が母か、父か、あるいは両親とも外国人という地域も見られるほどだ[3]。

2 外国人女性との結婚

　なぜ外国人妻との結婚が多数を占めるのか。再び婚姻統計を見ながら、推移を振り返ってみる。1975年「夫婦の一方が外国」という国際結婚夫婦がまだ

---

[2] 日本の入管は国籍・出身地の分類において、朝鮮半島出身者およびその子孫のうち、韓国籍を持つ人を「韓国」、韓国籍を持たない人を「朝鮮」と分類する。後者は北朝鮮（朝鮮民主主義人民共和国）籍を持っているわけではない。「在日コリアン」は両者を含む呼び方である。

[3] 東京女子医科大学・李節子助教授による調査。97年時、父母を外国人に持つ新生児の出生率が全国平均で2.8％、都道府県別では、東京が5.7％、群馬と大阪が4％と高い。東京23区では港区20.0％、新宿区19.1％、渋谷区16.6％、豊島区16.1％などとなっている。全国の国籍別では、母親・外国人、父親・日本人の新生児（1万3580人）では、フィリピン5203人、38.3％、韓国・朝鮮3440人、25.3％、中国2677人、9.7％など。父・外国人、母・日本人の新生児（7945人）では、韓国・朝鮮3469人、43.7％、米国1353人、17.0％、中国772人、9.7％となっている。［「外国人を親に持つ新生児出生状況――日本全国と東京都区部にみる」『国際人流』2000年2月号］

6045件だった当時、日本人男性と外国人女性のカップル(「夫日本・妻外国」)は3222組(全体の53.3%)、日本人女性と外国人男性という夫婦(「妻日本・夫外国」)は2823組(同46.7%)で、あまり差がなかった。国際結婚が１万2181組に倍増した85年、「夫日本・妻外国」というカップルは7738組(63.5%)、「妻日本・夫外国」というカップルは4443組(36.5%)となり、外国女性との結婚が６割に増えた。さらに、国際結婚が２万5626件に倍増する90年、「夫日本・妻外国」カップルは２万26組(78.15%)、「妻日本・夫外国」カップルは5600組(21.85%)で、外国人女性との婚姻が７割を超えた。そして、現在８割。国際結婚は過去四半世紀あまりで６倍に増えたが、外国人女性との婚姻は９倍に増え、外国人男性との婚姻の３倍増をはるかに上回った。そして、日本人男性が結婚する相手として、中国、フィリピン、タイ、そして在日コリアンのみならず新たに韓国から来日する女性が増えていったのである。

　日本人男性と外国人女性との結婚が増えた要因は３点あろう。

①日本経済の強大化と南北格差

　まず、前述したように80年代以降の日本の「経済大国化」と発展途上国との格差が指摘できる。日本の経済力が強くなり、人手不足もあって、出稼ぎ女性を含め、国際移動労働力を受け入れるようになった。観光、ビジネス、留学・就学を通じる出会いの増加も、日本の経済の強大化が背景にある。

　そもそも日本、アメリカ、オーストラリア、ドイツなどの男性は自国の女性と結婚が難しい場合、一定の財力を背景に、結婚業者や観光を通じて、より経済力の劣る国から女性を迎えようとする。フィリピン女性の国際結婚を研究したカヒルはオーストラリア男性に関して、こう指摘した。「結婚難に直面しても、発展国の快適な生活という報酬を提供できる。そうして、男性たちは海外から結婚パートナー女性を迎えるのだ」［Cahill 1990: 37］。

②日本男性の結婚難

　社会経済的要因として、日本人男性の結婚難も見逃せない。2002年、日本女性の初婚年齢は平均28.6歳であり、1980年の25.9歳より３歳近く晩婚化が進んだ。男性の平均初婚年齢も80年28.7歳、2002年30.8歳と２歳増えたが、女性の

晩婚化のスピードはそれ以上だ。女性解放思想＝フェミニズムの影響もあって、女性が人生の目的として結婚のみを重視せず、職業・キャリアも重んじる傾向が強くなった。また、夫・舅・姑との関係、職場環境から、結婚してからの家事・育児と職業との両立が依然難しく、結婚に二の足を踏むという要因も挙げられる［伊藤・樹村・國信 2002: 117］。

さらに、30〜34歳の女性の独身率は26.6%だが、男性の独身率は42.9%にも達する［2000年総務省国勢調査］。ジョリベットが指摘するように、日本女性は結婚できるのに結婚しない、男性は結婚したくてもできないのだ［Jolivet 1997: 146］。また、女性が男性を選ぶ条件として、所得、学歴、身長が高いという「三高」もまだ、それなりに有効性を持っているようである。こうした条件に当てはまらない男性は結婚に恵まれにくい。さらに舅や姑との同居も女性は嫌う。アジアからの女性が多く結婚している山形県は祖父母、父母、子どもという3世代同居が最も多い［松本・秋武 1995: 13］。つまり、それだけ「嫁不足」が深刻だから、後述のように、行政が業者と手を組んで、国際結婚を勧めたのである。そして、パートナー探しに困った男性や「家の存続」を願う親は（息子のために）大金を払って結婚業者に頼り、「外国のお嫁さん」を探す。あるいは男性はパブに通い、外国人出稼ぎ女性にアプローチする[4]。

③アジア女性に対するイメージ

80年代半ばから、フィリピンからの出稼ぎ女性が働く「フィリピン・パブ」は大人気となった。陽気で明るく、歌って踊れるフィリピン女性たちが男性をひきつけたのだ。クラブにのめりこんだ東京下町の板前は1晩7万円、ひと月100万円を使ったという［浜 1997: 157］。四国でもバブル景気に沸いていた80年代後半から90年代前半にかけて、高松、丸亀、坂出、観音寺市などで、フィリピン・パブが続々オープンした。また稼げばいいやという感じで、うどん屋、塗装、美装などを職とする男たちが1晩2万〜3万円を注ぎ込んだ。

1992年にフィリピン女性と結婚した美装業者・大久保光男(37歳)はこう語る。「弟はフィリピン・クラブ狂いの1人や。丸亀のフィリピン・クラブに通い

---

[4] オーストラリアでも鉱山業に従事する男性たちが結婚業者を通じて、多くのアジア人女性と結婚している。過疎地域における男性の結婚難という点で、類似性がある。

つめての。フィリピンの女の人を頼って、フィリピンまで行って、たくさん注ぎ込んだ。3000万円も借金作ってしもうた。けど、結婚できんで、帰ってきたんや」(借金は全部返せていないが、今、あっけらかんと暮らしているという)
　「その弟の誘いで、わしもフィリピン・クラブに行ったんや。今の嫁と知りおうてな。結婚の手続きのため、1ヵ月日本を空けて、フィリピンに行った。帰ったら仕事ががくんと減ってしもうた」

　なぜ、こんなに人気があったのか。高い金をはたいて店に通えば、エキゾチックな「異国」の女の子がビールを注ぎ、タバコに火をつけてくれる。カラオケが下手でも、拍手してくれる。そうしないと女の子はお店に罰金を払わねばならないとは客は知る由もない。クラブでは客は男性としての威信が回復される[5]。「強くなった」日本女性とは異なり、フィリピン女性には男性に尽くす従順さがあると思い込む［佐竹 2000b: 177］。パブで知り合ったフィリピン女性と結婚した塾経営者は筆者に言ったことがある。「フィリピン女性には日本女性が失った美徳がある。まるで、大和撫子(やまとなでしこ)みたいだ」
　辞書によれば、大和撫子とは「日本女性の清楚な美しさをたたえていう語」であるが、彼に確認すると、フィリピン女性が質素な生活に耐え、控えめだという意味だという。
　こうしたアジアやフィリピン女性に対するイメージ、あるいは固定された見方(ステレオタイプ)がパブ人気のみならず、フィリピン女性と日本人男性の結婚の増加をもたらしているのではないだろうか。
　実は、フィリピン人やアジア女性が従順で男性に尽くすという東洋に対するイメージ＝オリエンタリズム[6]は欧米、オーストラリア、日本の男性に共有されている。例えば、アメリカ人男性は、力強くなったと感じる米国女性にない従順さをフィリピン女性がそなえていると思い込むという［Julag-ay 1996］。また、フィリピン女性と結婚したオーストラリア男性(ドイツ系移民)は筆者にこう語った。「ヨーロッパの女性と異なり、アジアの女性は髪が黒く、小柄だ。

---

[5]　［久田 1989］もそうした男性を描いている。
[6]　オリエンタリズムについては［笠間 2002］を参照。

私はアジア女性との結婚を夢みていた」「フィリピン女性はよく気がつき、より女性的である。白人ヨーロッパの女性とはちがう」[Satake 2000: 194]。男性の経済的優位と重なりながら、この「共同幻想」が工業国の男性とアジア人女性との結婚の増加を加速させている。

このように①国際的な南北格差(経済的要素)、②日本国内の男性の結婚難(社会経済的要素)、③アジア女性への固定的イメージ(文化的要素)が重なって、日本(米国、オーストラリアなども)の国際結婚が増加してきたと言えよう。

3 外国人男性との結婚

日本女性と在日コリアン男性や米国男性との結婚は増えてきたが、中国、フィリピン、タイなどの外国人男性との結婚は少ない。次のような理由が考えられる。日本国内において米国人は語学学校教師をはじめホワイトカラー職で比較的収入が保証されるが、アジア人男性が高収入を得る仕事には就きにくく、経済的に不利な立場にある。また、アジア人男性は造船業や鋼材メーカーなど女性従業員の少ない製造業で「研修生」として働き、日本の女性と知り合う機会が限られる。言語習得の機会も乏しく、既婚者も多い。筆者の知っている香川県の大手2造船企業で研修を受けるフィリピン人男性はほとんどが20代後半以降の既婚者である。この点、多数が独身でOPAとして日本に働きに来るフィリピン女性たちは異なる。さらにアジアの男性を日本女性に紹介する業者が少ないことも関係していよう。近年、日本における韓国ドラマの人気上昇により、韓国男性との交際、結婚を希望する日本女性が増えてきたという[『朝鮮日報』2004年7月29日]。だが、インターネットで国際結婚業者を調べると、中国、フィリピン、タイ、ロシア等の女性を紹介するサイトがほとんどである。

4 離婚

離婚件数については、表4によると、2006年、日本における総数25万7475件において、「夫妻の一方が外国」の離婚数は1万7102件で全体の6.64%。婚姻同様、20件離婚があれば、1件以上は国際結婚における離婚、つまり「国際離婚」[松尾 2005]という状況である。詳しく見ると、夫日本・妻外国という組み合わせが1万3713組、妻日本・夫外国の夫婦が3389組で前者が80.2%を占め

表4 日本における離婚件数、年次×夫妻の国籍別 (1994～2006)

国　籍	1994年 (平成6)	1995年 (平成7)	1996年 (平成8)	1997年 (平成9)	1998年 (平成10)	1999年 (平成11)
総　数	195,106	199,016	206,955	222,635	243,183	250,529
夫妻とも日本	187,369	191,024	198,860	213,486	232,877	239,479
夫妻の一方が外国	7,737	7,992	8,095	9,149	10,306	11,050
夫日本・妻外国	5,996	6,153	6,171	7,080	7,867	8,514
妻日本・夫外国	1,741	1,839	1,924	2,069	2,439	2,536
夫日本・妻外国	5,996	6,153	6,171	7,080	7,867	8,514
妻の国籍						
韓国・朝鮮	2,835	2,582	2,313	2,185	2,146	2,312
中国	1,323	1,486	1,462	1,901	2,318	2,476
フィリピン	1,281	1,456	1,706	2,216	2,440	2,575
タイ	239	315	320	362	435	540
米国	63	53	60	67	76	75
英国	17	25	19	27	29	29
ブラジル	35	47	52	66	71	91
ペルー	11	15	18	19	27	25
その他の国	192	174	221	237	325	391
妻日本・夫外国	1,741	1,839	1,924	2,069	2,439	2,536
夫の国籍						
韓国・朝鮮	885	939	912	983	1,091	1,096
中国	190	198	203	237	286	320
フィリピン	52	43	66	53	48	59
タイ	12	8	14	15	14	20
米国	273	299	298	328	383	356
英国	48	40	39	43	57	42
ブラジル	12	20	23	26	33	39
ペルー	7	7	15	17	41	35
その他の国	262	285	354	367	486	569

資料：厚生労働省統計情報部「人口動態統計」

2000年 (平成12)	2001年 (平成13)	2002年 (平成14)	2003年 (平成15)	2004年 (平成16)	2005年 (平成17)	2006年 (平成18)
264,246	285,911	289,836	283,854	270,804	261,917	257,475
251,879	272,244	274,584	268,598	255,505	246,228	240,373
12,367	13,667	15,252	15,256	15,299	15,689	17,102
9,607	10,676	12,087	12,103	12,071	12,430	13,713
2,760	2,991	3,165	3,153	3,228	3,259	3,389
9,607	10,676	12,087	12,103	12,071	12,430	13,713
2,555	2,652	2,745	2,653	2,504	2,555	2,718
2,918	3,610	4,629	4,480	4,386	4,363	4,728
2,816	2,963	3,133	3,282	3,395	3,485	4,065
612	682	699	678	685	782	867
68	69	76	75	75	76	60
41	31	33	17	21	28	27
92	101	91	101	103	116	90
40	41	45	57	65	59	59
465	527	636	760	837	966	1,099
2,760	2,991	3,165	3,153	3,228	3,259	3,389
1,113	1,184	1,167	1,098	966	971	927
369	397	447	411	502	492	499
66	62	77	84	84	86	105
19	38	36	43	46	30	39
385	359	364	371	367	398	393
58	59	58	79	63	86	84
59	54	78	72	81	81	98
41	52	56	57	56	68	73
650	786	882	938	1,063	1,047	1,171

る。これも「夫日本・妻外国」が圧倒的に多い婚姻同様の傾向である。

　国際離婚数の移り変わりを見ると、1994年「夫妻の一方が外国」は7737件だった。12年たった2006年の前述の数値は2.2倍である。同じ12年間に「夫日本・妻外国」「妻日本・夫外国」ともに2倍以上増加した。

　「夫日本・妻外国」について、妻の国籍別に見ると、2006年、中国4728件、フィリピン4065件、韓国・朝鮮2718件、タイ867件という具合である。

　推移を見ると、1994年中国籍女性との離婚は1323件、フィリピン女性との離婚は1281件、2006年ではそれぞれ3.5倍、3.17倍である。「妻日本・夫外国」では、夫の国籍別で見ると、韓国・朝鮮927件、中国499件、米国393件などとなっている。

　こうして、国際結婚の増加に伴い、「国際離婚」も増えてきた。『国際離婚』の著者、松尾寿子は国際結婚と離婚数のさらなる上昇を予想している［松尾2005：35］。短期的に国際離婚は2002～2005年、1万5000件台で微増だったが、06年には1万7000件台に達した。これからが注目される。

　以下、日比結婚を日本人男性とフィリピン女性との結婚を中心に検討していく。

II．フィリピンにおける国際結婚

1 概況と推移

　外国人と結婚したフィリピン人すべてが国外へ移住するわけではない[7]。だが、日本との関係を考えるために、特に外国人との結婚・婚約のためフィリピン人が出国する事情を見てみよう。CFO最新統計（**表5**）によると、2000年度、外国人と婚約（3795人）、結婚（1万1193人）、事実婚（De Facto 174人）して出国し

---

[7] 国家統計局（NSO）ウェブサイト http://www.census.gov.ph で調べる限り、フィリピンにおける婚姻統計には配偶者の国籍を記した資料が見つからない。婚姻地、婚姻者の年齢、結婚歴別の統計が載っているだけである。なお、2000年の婚姻数は57万7387件で、99年の55万1445件より4.7％増加した。このうち外国人との婚姻だけで1万1193人（組）（1.94％）が海外に移住する。

5 フィリピンにおける外国人との婚姻　フィリピン人の資格・出国先別 1989〜2000年*

	フィリピン人の資格	米国	日本	オーストラリア	ドイツ	カナダ	英国	その他	合計	割合(%)	男性の数と割合(%)	女性の数と割合(%)
89	婚約者	1,781	524	1,116	97	160	67	90	3,935	33.7		
	配偶者	1,532	1,625	285	40	65	103	334	3,984	66.3		
	合計	3,313	2,149	1,401	137	225	170	424	7,819	100	79(1.0%)	7,740(99.0%)
90	婚約者	1,467	911	780	240	75	94	102	3,669	26.5		
	配偶者	4,082	3,909	589	142	163	259	1,041	10,185	73.5		
	合計	5,549	4,820	1,369	382	238	353	1,143	13,854	100	152(1.1%)	13,702(98.8%)
91	婚約者	2,202	1,003	809	449	98	106	180	4,847	26.7		
	配偶者	6,718	3,907	613	147	381	262	1,128	13,156	73.3		
	合計	8,920	4,910	1,422	596	479	368	1,308	18,003	100	1,506(8.4%)	16,497(91.6%)
92	婚約者	1,952	796	768	501	132	76	278	4,503	23.7		
	配偶者	6,724	4,350	714	161	441	210	1,237	13,837	76.3		
	合計	8,676	5,146	1,482	662	573	286	1,515	18,340	100	1,934(10.5%)	16,406(89.5%)
93	婚約者	1,613	596	1,021	766	142	45	232	4,415	22.8		
	配偶者	6,622	4,852	871	201	571	167	1,654	14,938	77.2		
	合計	8,235	5,448	1,892	967	713	212	1,886	19,353	100	2,275(11.8%)	17,078(88.0%)
94	婚約者	1,197	199	715	754	150	29	250	3,294	19.6		
	配偶者	5,534	4,702	822	170	623	170	1,533	13,554	80.4		
	合計	6,731	4,901	1,537	924	773	199	1,783	16,848	100	2,194(13.0%)	14,654(87.0%)
95	婚約者	1,178	105	711	654	176	33	322	3,179	18.1		
	配偶者	4,386	6,269	733	189	668	194	1,831	14,270	81.9		
	合計	5,564	6,374	1,444	843	844	227	2,153	17,449	100	1,524(8.7%)	15,925(91.3%)
96	婚約者	1,647	91	654	565	170	50	500	3,677	19.8		
	配偶者	5,095	5,841	704	192	648	193	193	14,899	80.2		
	合計	6,742	5,932	1,358	757	818	243	243	18,576	100	1,715(9.2%)	16,861(90.8%)
97	婚約者	1,721	55	445	550	108	77	516	3,472	20.6		
	配偶者	4,773	4,759	746	224	515	231	2,124	13,372	79.4		
	合計	6,494	4,814	1,191	774	623	308	2,640	16,844	100	1,604(9.5%)	15,240(90.5%)
98	婚約者	1,660	36	451	559	95	101	604	3,506	24.2		
	配偶者	3,094	4,203	802	165	586	252	1,879	10,981	75.8		
	合計	4,754	4,239	1,253	724	681	353	2,483	14,487	100	1,150(7.9%)	13,337(92.1%)
99	婚約者	2,249	62	452	521	85	105	675	4,149	27.1		
	配偶者	3,139	4,485	757	159	680	241	1,707	11,168	72.9		
	合計	5,388	4,547	1,209	680	765	346	2,382	15,317	100	1,306(8.5%)	14,011(91.5%)
00	婚約者	2,047	114	438	495	56	56	587	3,795	25		
	配偶者	3,527	4,969	604	155	483	198	1,257	11,193	73.8		
	事実婚	62	63	25	4	8	1	11	174	1.1		
	合計	5,636	5,146	1,067	654	549	255	1,855	15,162	100	1,302(8.6%)	13,860(91.4%)
合計	婚約者	20,714	4,492	8,360	6,151	1,449	839	4,336	46,341	24.1		
	配偶者	55,226	53,871	8,240	1,945	5,824	2,480	17,951	145,537	75.8		
	事実婚	62	63	25	4	8	1	11	174	0.1		
	合計	76,002	58,426	16,625	8,100	7,281	3,320	22,298	192,052	100	16,741(8.7%)	175,311(91.3%)
	割合(%)	39.6	30.4	8.7	4.2	3.8	1.7	11.6	100			

*原統計には「1989〜2002年」と記されているが、2000年分までしか記載されていない。
出所：http://www.cfo.gov.ph/statistics/fiancess_spouses_country.htm
およびCFO資料 Number of Filipino Fiancees/Spouses of Foreign Nationals by Year and Sex: 1989-2000 より

表6 フィリピン人婚約者・配偶者と外国人パートナーの年齢、
2000～2001年、および1989～2001年累計

年齢層	2000年				2001年			
	フィリピン人		外国人		フィリピン人		外国人	
	数	割合(%)	数	割合(%)	数	割合(%)	数	割合(%)
15～19	375	2.5	34	0.2	511	3	33	0.2
20～24	3,349	22.1	708	4.7	3,886	22.8	684	4
25～29	4,564	30.1	1,787	11.8	5,175	30.4	2,071	12.1
30～34	3,385	22.3	2,394	15.8	3,633	21.3	2,526	14.8
35～39	1,648	10.9	2,592	17.1	1,895	11.1	2,961	
40～44	764	5	2,190	14.4	926	5.4	2,670	15.7
45～49	351	2.3	1,864	12.3	451	2.6	2,221	13
50～54	182	1.2	1,500	9.9	229	1.3	1,735	10.2
55以上	213	1.4	1,641	10.8	239	1.4	2,019	11.8
不 明*	331	2.2	452	3	103	0.6	128	
合 計	15,162	100	15,162	100	17,048	100		
平均年齢	29		38		29		39	

年齢層	1989年～2001年累計			
	フィリピン人		外国人	
	数	割合(%)	数	割合(%)
15～19	3,791	3.3	351	0.3
20～24	27,623	24	5,640	4.9
25～29	37,285	32.5	15,238	13.3
30～34	23,234	20.2	19,678	17.1
35～39	11,844	10.3	20,482	17.8
40～44	5,478	4.8	17,229	15
45～49	2,518	2.2	14,177	12.3
50～54	1,204	1	9,451	8.2
55以上	1,136	1	11,577	10.1
不 明*	770	0.7	1,060	0.9
合 計	114,883	100	114,833	100
平均年齢	29		38	

*原文では、Not known by Filipino
出所：CFOウェブサイトより

たフィリピン人の総数は１万5162人。うち、女性は１万3860人、91.4％、男性は1302人、8.6％で、女性が圧倒的に多い。89年から2000年までの累積12年間では、計19万2052人中、女性は17万5311人で91.3％、男性は１万6741人で8.7％。同様に女性が９割を越える。

相手の国籍を見ると、2000年度、米国5636人、日本5146人、オーストラリア1067人、ドイツ654人、カナダ549人、英国255人、その他1855人、計１万5162人となっている。繰り返すと、フィリピン側の９割以上が女性である。

推移を見ると、1989年、相手の国籍のトップは米国で3313人、次いで日本2149人、オーストラリア1401人、カナダ225人、英国170人、西ドイツ137、他が424人、計7819人だった。過去12年間で、婚約・結婚による出国は２倍に増えたわけである。また、95年には相手の国籍のトップは日本となり、6374人で、米国の5564人を抜いた。日本での比日婚姻数が7000組を越え、7188組に達した年である。なお、1989年、フィアンセとして、日本へ出国したフィリピン人は524人おり、婚約者としての来日も比較的認められていたが、その後、数が減り、2000年の婚姻・婚約による日本への渡航者5146中114人にとどまった。こうして見ると、過去10年以上にわたり、日本は米国と並ぶフィリピン人女性の最大の結婚先なのである。

❷南北問題的構造

配偶者、婚約者の国籍からわかるように、フィリピンが外国、特に先進工業国の男性に女性を供給してきたという「南北問題」的構造がある。つまり、フィリピンを含む「発展途上国」＝主に南半球の国々＝と欧米日本など北半球の国々との間にある経済格差が国際結婚という国際移民・移住の流れを生み出す[8]。この点は前章の海外出稼ぎ事情を思い出していただきたい。

米国については、次の事情もあろう。20世紀前半(1901〜41年)、米国はフィリピンを植民地として支配した。その結果、米国には国外最大のフィリピン人移民社会が形成され、移住者が母国の親戚や友人・知人をアメリカ人に紹介するようになった。また、1991年までフィリピンには米軍基地があり、軍関係者

---

[8] オーストラリア、ニュージーランドは南半球に位置するが、国民総生産、生活水準、社会厚生指標などから、「先進国」と呼ばれる。

と結婚するフィリピン女性も多かった。加えて、歴史的経緯[9]、物質的豊かさから、依然米国を崇拝する傾向が強い。

　山形の農民とフィリピン女性との結婚を描いた英国BBCのドキュメンタリー「媒酌人」(1989年)でもリサ・ゴー(当時東京にあったフィリピン情報資料センターRCPC職員・フィリピン籍)が被植民地支配に由来する同胞の外国人崇拝を指摘している。子供の時から、困った時はアメリカのスーパーマンが来てくれると信じ込む。そして、経済状況が厳しいので、フィリピン女性たちは押し出されるように外国人男性と結婚していく、と。

　他方、米国やオーストラリアの男性は、英語教育が普及したフィリピンの女性ならば、コミュニケーションしやすいと考える。さらに、高齢男性は老後の介護・看護を期待する。

　こうして、フィリピンからの国際結婚の回路は親戚・友人・知人紹介(米国、オーストラリア、日本)、結婚業者紹介(米国、オーストラリア、日本)、出稼ぎ労働がらみ(日本)と多様化してきた。海外労働に関しては家事労働者として外国で働くフィリピン女性も多いが、受け入れ国の男性と結婚する例は日本におけるほど多くない[10]。

III. 日本男性-フィリピン女性カップル

1 日本人男性の横顔

　筆者が知っている60人の事例を検討してみたい(**表7・表8**)。52人が結婚生活を続けており、7人が離婚、1人が死去となっている。離婚率は7/60×100＝11.6%となり、全国平均より低い。男性の職業を分類すると、サラリー

---

[9] 太平洋戦争末期、日本軍はフィリピンを占領したが、占領に反対する抗日ゲリラ組織の活動も激しく、特に占領末期、日本軍は多くの住民を殺害し、糧食も奪った。1944年10月、米軍がフィリピンに戻り、45年8月、日本軍は降伏した。そのため、米軍が日本の軍国主義からフィリピンを解放してくれたと感じるメンタリティがフィリピン人の間に強い。

[10] 2000年、香港で調査したところ、香港人(中国人)との結婚は少ないようである。独身で若い家事労働者もいるが、平日は雇用先家庭の家事・育児・介護に追われる、休日はフィリピン人が集まる広場やショッピングモールに行くが、中国人男性と出会う機会は乏しい。また、シンガポールでは、シンガポール人との結婚を禁止している[小ヶ谷 2001: 136]。

表7　日本人男性とフィリピン女性夫婦の横顔　60組

年齢（2004年10月現在）

年齢	日本人男性	フィリピン女性
25〜29	2	3
30〜34	—	20
35〜39	5	9
40〜44	18	15
45〜49	13	1
50以上	18	1
不明	4	3

教育歴

教育歴	日本人男性	フィリピン女性
高校中退	4	1
高校卒業*	33	37
大学中退	—	3
大学卒業	14	11
大学院	5	2
不明	4	6

＊ フィリピンでは小学6年、ハイスクール4年、大学4年という学制。フィリピン女性に関しても「ハイスクール」を高校とみなす。

結婚前における女性の職業

専門職、技能職、管理職、事務職	8
OPA**	36
その他***	3
学生	1
無職	10
不明	2

＊＊ 海外芸能アーティストのこと。
＊＊＊ デパート販売員、レストランのウェイトレス、マニキュリスト。

インタビュー時における職業

職業	日本人男性	フィリピン人女性
専門職、技能職、管理職、事務職	23	7
販売	—	1
製造業関係	3	12
運輸、建設	12	—
農業	3	3
サービス産業関係	3	7
事業経営	12	2
パート	1	6
自衛隊	2	—
主婦主夫	—	14
なし	1	—
不明	—	8

知り合った経緯

日本のパブで知り合う	36
フィリピンで知り合う	10
友人の紹介	3
行政機関結婚業者による紹介	11

結婚の期間

5年以下	13
5〜9	8
10〜14	11
15〜19	12
20年以上	2
不明	16

子どもの数**

なし	11
1	16
2	16
3	4
4人以上	3
不明	10

＊＊＊＊ 現在婚姻関係にある夫婦の間に生まれた子どもの数。養子、連れ子は含まない。
出所：筆者による調査

表8　2004年10月現在の日本人男性とフィリピン人女性の夫婦

	日本人の夫の仮名と年齢(敬称略)	出身地/居住地	夫の最終学歴	職業	フィリピン人の妻の仮名と年齢	妻のフィリピンでの出身地と住所	妻の最終学歴
1	岩見、48歳	香川県綾歌郡綾上町	高卒	農業、電気技師(パートタイム)	レイチェル、42歳	マスバテ州出身、セブ州居住	高卒
2	田嶋浩太郎、37歳	香川県仲多度郡多度津町	大卒	一般社員(地元の会社)	ジャヤ、42歳	サマル州	短大卒
3	47歳	東京都/香川県丸亀市	大学院	大学教員	40歳	西ネグロス州	大学院
4	大久保、37歳	香川県丸亀市	高校中退	美装工	エスミー、40歳	ラグナ州	高卒
5	福田洋平、39歳	香川県善通寺市	大卒	オーナー/フィリピンレストラン	キャサリン、33歳	マニラ首都圏、カロオカン市	高卒
6	40代	同	高卒	タクシードライバー	19歳(結婚当初)	マニラ首都圏、エルミタ	高卒
7	44歳	徳島県三好郡東祖谷山村	高卒	道路建設業	デイジー、38歳	イサベラ州	高卒
8	51歳	同	高卒	同	ポリー、38歳	同	高卒
9	39歳(結婚した時)	同	高卒	同	23歳(結婚当初)	同	高卒
10	27歳(結婚した時)	同	高卒	同	21歳(結婚当初)	同	高卒
11	28歳(結婚した当初)	同	高卒	同	ネリア、38歳	同	高卒
12	ひとし、48歳	徳島県三好郡東祖谷村/名古屋	高卒	トラック運転手	テレシータ、41歳	高卒	高卒
13	50代	大分県/西ネグロス州	高卒	運送業/ジプニーオーナー	30歳	西ネグロス州	高卒
14	長州、48歳	兵庫県神戸市	高卒	板前	ロエ、40歳	西ミサミス州	高卒
15	50代	香川県高松市	大卒	サラリーマン	41歳	マニラ首都圏、パンダカン	高卒
16	47歳	同	高卒	大工	37歳	マニラ首都圏、ビノンド	大学中退
17	40代	香川県坂出市	高卒	大工	40歳	トンド	高卒
18	43歳	同	高卒	大工の棟梁	ソニア、42歳	マニラ首都圏、カロオカン市	高卒
19	53歳	同	大学院	オーナー/塾講師	43歳	ダバオ州	高卒
20	42歳	同	高卒	無職	アナ、42歳	セブ州	高卒
21	田渕(通称タタイ)、52歳	香川県丸亀市	高卒	塗装業	ハンナ、32歳	カタンドアネス州	高卒
22	蓑田、52歳	熊本県/香川県善通寺市	高卒	サラリーマン(土木会社)	アルマ、38歳	レイテ州	高卒
23	佐桑、42歳	高知県/香川県善通寺市	高卒	自衛隊	マハル、27歳	南コタバト州、ジェネラルサントス市	大学中退
24	42歳	香川県善通寺市	高卒	自衛隊	20代後半	西ネグロス州、バコロド市	高卒
25	向山、48歳	同	高卒	会社員(電気関係)	マルー、40歳	レイテ州、オルモック市	大卒
26	望崎、48歳	香川県丸亀市	同	うどん屋	レビー、42歳	ターラック州、ターラック市	大卒
27	立山正三、55歳	香川県観音寺市	同	うどん製造	マリーン、38歳	パンパンガ州、ニューメキシコ	高卒

第 2 章　フィリピン-日本国際結婚

妻の結婚前の職業	妻の現在の職業	双方が知り合った場所、方法	結婚した年	結婚生活の期間	子供の数、年齢、学歴（高校生、中学生、小学生）	備　考
OPA	食品会社、農業	地元のパブ	1986	18	3人（長男16歳高校1年、長女14歳中学2年、次女12歳小学5年）	夫の職業は主な収入源である電気技師として分類。
翻訳、材木会社、四国	木材会社の通訳業	日本人を夫に持つフィリピン人妻の家	1997	7	なし	
ネグロス島の大学調査員	英語教師	マニラ首都圏	1990	14	3人（長女13歳中学1年、次女11歳小学5年、長男7歳小学1年）	
クウェートで家事手伝い、日本で舞台技術	プラスティック工場	地元のパブ	1992	12	1人（長男12歳小学6年）	
OPA	ジーンズ工場	地元のパブ	1995	9	1人（長女3歳）	
バーガール	?	マニラのバー	1991	3カ月	なし	1991年に離婚。
無職	老人ホーム専任勤務（東祖谷）	地元自治体の紹介、個人仲介業者とともに	1987	17	2人（長男15歳高校1年、長女11歳小学5年）	
無職	温泉旅館勤務（西祖谷）	同	1987	3～4カ月	1人（長男15歳高校1年、長女12歳中学1年）	
無職	ミシン工場	同	1987	3～4カ月	なし	1990年ごろに離婚。
無職	同	同	1987	3～4年	なし	1990年ごろに離婚。
コンピューターインストラクター	―	同	1987	4	1人（長男16歳高校2年）	初婚の夫、仕事中の事故で死ぬ、東祖谷、1991年/妻3歳の息子と東祖谷を去る、1992年、その後、他の日本人男性と再婚。
マニュキュリスト	化粧品販売	同	1987	17	なし	東祖谷を去る、1998年。
OPA	輸送業者（ジプニーオーナー）	パブ、大分、九州、日本	―		1人（前のフィリピン人の夫から）	
フィリピンレストランのウェイトレス（マニラ）	パート（豆腐店）	マニラ市内	1988	16	2人（長女15歳中学3年、次女13歳中学1年）	
OPA	アルバイト	パブ、高松	1989	15	なし	
OPA	同	パブ、高松	1990	14	1人（長男11歳小学5年）	
OPA	アルバイト（食品工場）	パブ、香川	1989	15	4人（長女13歳中学1年、次女12歳小学6年、三女7歳小学1年、長男11歳小学5年）	
家事手伝い（カロオカン市）/OPA（日本）	食品工場、パブ	パブ、香川	1988	11	1人（長男14歳中学2年）	1999年の離婚後、日本人の夫、長男15歳中学三年の養育権を取る。
OPA	パート（パン屋）	パブ、香川	1989	15	なし	
OPA	パブ	パブ、香川	1988	16	2人（長男15歳中学3年、長女14歳中学2年）	夫は事故により、身体的後遺症があった。その後、離婚。
OPA	食品工場	パブ、丸亀	2000	4	1人（長男3歳）	
OPA	主婦	パブ、熊本、九州	1998	6	1人（長女6歳幼稚園）	
ベビーシッター（サウジアラビア）/OPA（日本）	同	パブ、善通寺市	2000	4	1人（長女1歳）	
OPA	同	パブ	2001	3	なし	夫は再婚者、妻は初婚者。
小学校教師（オルモック市）	同	フィリピン人の友人からの紹介	1996	8	1人（長女1歳）	妻は結婚後、香川にある造船会社で働くフィリピン人実習生の通訳もつとめた。
小学校教師/政府職員（農地改革省）	食品工場	フィリピン人のいとこの紹介	1991	13	2人（長男10歳、長女7歳）	以前は名古屋在住。OPAとして働いていた妹も日本人と結婚。
ルスタンデパートの販売員（クバオ）	うどん製造		1988	16	1人（長女13歳中学1年）	日本人の妻に先立たれ、フィリピン女性と再婚。

	日本人の夫の仮名と年齢(敬称略)	出身地/居住地	夫の最終学歴	職業	フィリピン人の妻の仮名と年齢	妻のフィリピンでの出身地と住所	妻の最終学歴
28	52歳	香川県丸亀市	高卒	フィリピンパブオーナー	30代	ザンバレス州、オロンガポ市	高卒
29	25歳	香川県丸亀市	高卒	同	20代	カビテ州	高卒
30	山田、50歳	香川県綾歌郡綾上町	高卒	サラリーマン	グラシアス、33歳	アクラン州	高卒
31	40代	香川県仲多度郡多度津町	高卒	一般社員(地元の会社)	30代	マニラ首都圏	高卒
32	40代	香川県丸亀市	高卒	パブオーナー	30代	同	高卒
33	40代	香川県丸亀市	―	会社員	42歳	同	高卒
34	―	香川県丸亀市	―	―	30代前半	同	高卒
35	―	香川県坂出市	高卒	大工	30代	同	高卒
36	38歳	香川県丸亀市	高卒	造船会社	バネッサ、36歳	西ミサミス州	高卒
37	―	徳島県三好町	高卒	会社員	40歳	イサベラ州	高卒
38	48歳	香川県丸亀市	大卒	一般社員(地元の会社)	27歳	マニラ首都圏	高卒
39	50代	香川県坂出市	高卒	建設業	30代	パンパンガ州	高卒
40	42歳	香川県綾歌郡陵南町	高卒	溶接会社経営	25歳	ボホール州	高卒
41		香川県三豊郡高瀬町	大卒	エンジニア	30代	西ネグロス州、シライ市	―
42	40代	栃木県	高卒	農業	30代		―
43	50代	栃木県	高卒	農業	30代		―
44	50代	広島県	―	―	30代		大卒
45	57歳	東京都/大阪	大学院	大学教員	48歳	マニラ首都圏、レイテ州	大学院
46	50代	茨城県	大学院	大学教員	―	マニラ首都圏	
47	40代	東京都/大阪	大学院	大学助手		同	
48	47歳	岡山県/マニラ	大卒	マニラで広報係担当	30代	同	
49	38歳	埼玉県川口市	高卒	鉄鋼会社社員	32歳	同	高卒
50	40代	新潟県		建設業経営者	30歳	同	高卒
51	46歳	東京都	大卒	翻訳家	―	ダバオ州	大卒
52	50代	北海道札幌市	大卒	ミュージシャン	40代	ベンゲット州、バギオ市	大卒
53	50代	秋田県	高卒	農業	40代	―	大卒
54	40代	秋田県		教師	39歳	西ネグロス州、バコロド市	大卒
55	今井一郎、51歳	東京都/シドニー、オーストラリア	高卒	医薬品製造会社勤務	エスター、51歳	マニラ首都圏	同
56	宮脇誠、45歳	香川県高松市	高卒	小学校教師	34歳	マニラ首都圏、パンダカン	大学中退
57	横山泉、48歳	兵庫県神戸市	高卒	消費者協同組合職員	35歳	東ミサミス州、カガヤン・デ・オロ市	大卒
58	40歳	同	高卒	一般社員	34歳	ケソン市	高卒
59	41歳	同	―	自営業	33歳	ボホール州	高卒
60	片野、42歳	東京都/香川県仲多度郡琴平町	大卒	ホテルマネージャー	33歳	ダバオ州	大卒

* OPA=Overseas Perfroming Artist(海外芸能アーティスト):第1章参照。
出所:著者インタビューおよび知見による。

第2章 フィリピン-日本国際結婚

妻の結婚前の職業	妻の現在の職業	双方が知り合った場所、方法	結婚した年	結婚生活の期間	子供の数、年齢、学歴（高校生、中学生、小学生）	備　考
OPA	パブオーナー	パブ			2人の息子	
OPA	パブオーナー	パブ	2002	2	2人（双子、男、1歳）	
OPA	食品工場	パブ	1990	14	2人（長女11歳小学5年、長男7歳小学2年）	
OPA	パブ	パブ	—	—	—	
OPA	パブオーナー	パブ	—	—	—	
OPA	パブ	パブ	1991（初婚）、2000（再婚）	5(初婚)、4(再婚)	1人（息子12歳小学6年、前の夫との）	妻、1996年に離婚、2000年に再婚。
OPA	ジーンズ工場、パブ	パブ	1998	4	2人（息子5歳、3歳）	2002年に離婚。
OPA	主婦	パブ			2人（長女12歳小学5年、次女11歳小学4年）	
OPA	食品工場、パブ	パブ	1991	9	2人（長男11歳小学5年、次男9歳小学3年）	2000年に離婚、妻、2人の息子の養育権取得。
無職	食品工場	地方自治の仲介人の紹介	1988～90（初婚）1993～現在（再婚）	2:10	1人（娘、日本人の前の夫との）	妻、1度日本人の夫と別れ、他の日本人と2度目の結婚をした。
OPA	工場労働	パブ	—		1人、息子	
OPA	病院、坂出	パブ	1991	13	2人（長男11歳小学5年、次男10歳小学4年）	
OPA	アルバイト（食品工場）	パブ	2000	4	1人、息子、3歳	
OPA	主婦	パブ	1987	17	2人（16歳長男高校1年、13歳次男中学1年）	
無職	農業	結婚相談所	—			
無職	農業	結婚相談所	—			
OPA	翻訳					
大学院学生	大学教員	マニラ首都圏	1970年代後半	26	4人（長男27歳、長女22歳、次女20歳、次男18歳）	
無職	主婦	マニラ	1990年代	—		
無職	同	マニラ	1990年代			
	同	マニラ	1990年代後半			
OPA	主婦	パブ	1990	14	2人（長男14歳中学2年、長女5歳小学1年）	
無職	工場労働	個人結婚相談所	1998	7カ月	1人（長女5歳）	夫、結婚業者に300万支払う。1999年2月に離婚。
NGOスタッフ	NGOスタッフ	ミンダナオ	—	—		
OPA	—	パブ	—		息子、娘	
OPA		パブ				
大学調査員（バコロド）/OPA（日本）	—	パブ			息子1人	
会社員（マニラ）	公務員	妻が働いていたマニラの会社	1982	22	3人（長女20歳大学生、次女16歳、三女13歳ともに高校生）	
OPA	主婦	パブ、高松	1994	10	4人（長女8歳小学2年、長男7歳小学2年、次女2歳、三女0歳）	
OPA	同	同	1997	7	2人（息子5歳、娘2歳）	
—	—	マニラ	1995	10	3人（長女7歳小学2年、次女5歳）	
OPA	主婦	パブ、高松	2001	3	2人（長女4歳、次女2歳）	夫、3度結婚と離婚を繰り返す。今の妻は前の妻が残した子供（娘17歳、息子12歳と8歳）といっしょに暮らす。
OPA	主婦	パブ、東京	1996	8	1人（娘、7歳）	

マンや公務員、教員といったホワイトカラー系は23名。内訳は事務系サラリーマン7、公務員4、大学教員・助手4、小学校・塾教員3、マネジャー2、エンジニア2、翻訳業1。他方、21人がブルーカラー系の現業的仕事についている。内訳は建設6、土木6、工場労働3、小工場経営2、運転手2、美装業1、塗装業1。加えて、農業3、フィリピン・パブ経営3、自衛隊員2、コック・調理3、さぬきうどん製造・販売1、ジープニーオーナー1、自営業1、ミュージシャン1、失業中1となっている。

　1980年代末から90年代にかけて出版された本や放映されたTVドラマでは、フィリピン女性と結婚した日本男性は社会的に疎外された弱者と描く傾向が強かった[久田 1989；フジテレビ 1991；浜1997；1999]。しかし、筆者のデータでは、男性たちは種々の業種、所得階層に属しており、ホテル・マネジャーなど管理職を含め、ホワイト・カラー系も少なくない。全般に所得も安定している。日本社会の「国際化」の中で、多様な階層に属する男性がフィリピン女性と出会い、結婚してきたと言える。

　結婚・離婚歴については、プライベートな領域で、充分に把握できていないが、男性6人が再婚、うち、4名は相手のフィリピン女性も再婚である。病気のため日本人妻に先立たれた男性(さぬきうどん製造・販売業)がフィリピン女性と結婚した(初婚)ケースもある(**表8**の27)。男性が再再婚という例もある(同59)。

　COF統計「フィリピン人婚約者と外国人パートナーの婚姻暦1989～2001年」によると、13年間総数11万4730組中、フィリピン人(91.3％が女性)の独身および婚姻歴なしが10万7974人で、94.1％。他方、外国人(逆に91.3％は男性)の独身および婚姻歴なしは6万9452人、60.5％にとどまり、4万490人、35.3％が離婚歴ありとなっている。つまり、結婚して海外に渡るフィリピン女性は9割以上が初婚、外国人男性は3分の1以上が再婚である。特に、米国やオーストラリアで離婚して高齢を迎えた男性がフィリピン女性と結婚する場合が見られ、女性との年齢差も大きい。例えばオーストラリア人男性と結婚したフィリピン女性の初婚率は88％だが、配偶者のオーストラリア男性の初婚率は48％で、逆に52％は離婚歴がある[Cunnen and Stubbs 1997: 17]。

　そこで、日本人男性とフィリピン女性との年齢差を見てみると、筆者のデータでは判明した範囲で10歳以上男性が上というケースが21例ある。平均を計算

すると、これら21カップルでは結婚時、男性は38.6歳、女性は24.1歳だった[11]。ちなみに2002年日本人同士の全婚姻平均では夫30.8歳、妻28.6歳、年齢差は2.2歳(初婚で夫29.1歳、妻27.4歳、年齢差1.7歳。再婚で、夫40.6歳、妻37.1歳、年齢差2.5歳)[12]。これと比べると、21例では男性の年齢が高く、女性の年齢が低く、年齢差が大きい。前述したような日本男性の結婚難を裏付ける数値なのかもしれない。4例という再婚例が平均年齢を引き上げているわけでもない。他方、うち17例で女性が結婚前、日本でOPAとして働いていた。若い年代の女性がOPAとして来日し、日本人と知り合って結婚するパターンがうかがえる。

例えば元OPAとの結婚では地方公務員が29歳年上、塗装業者が20歳年長、溶接工場経営者が17歳年上という例が見られる。行政・結婚業者仲介でも男性が各々16歳、13歳年上、マニラの観光で知り合ったケースでもうどん製造経営者が18歳年上だった。

他方、CFO資料では、1989～2001年累計で外国人と結婚するフィリピン人(91.3％は女性)を見ると、15～24歳の年齢層だけで27.3％、29歳までを含めると59.8％と、全体の6割に達する。40歳以上はフィリピン人婚約・配偶者で9％だが、外国人パートナー(91.3％が男性)では45.6％である。2001年で見ると、40歳以上のフィリピン人婚約者は10.7％、50歳以上は2.7％のみだが、外国人パートナーは各40.7％、22.0％に及ぶ。外国人パートナー、特にその9割を占める男性の高齢化は明らかである。筆者のデータでは結婚時、50歳以上は22％には達しておらず、CFO統計ほど日本男性の高齢化は進んでいない。とはいえ、30代以上の日本人男性と20代前半を中心とする若いフィリピン女性との結婚というパターンは明白である[13]。

2 出会う経緯

日本のパブで働いていたフィリピン女性が客として来店した日本男性と知り合い、結婚した例が36例(全体の60％)を占めた。女性の出稼ぎ労働が国際結婚

---

[11] 婚姻年が不明な43、44を除外した。現年齢が特定できない場合、30代は30歳、40代は40歳、50代は50歳として、計算した。
[12] http://www.mhlw.go.jp/toukei/saikin/hw/jinkou/suii02/marr4.html
[13] 判明する範囲では、初婚年齢について、男性の30代後半以上は11、30代以上では24名(前記11名含む)となる。女性は20代前半が14、20代では24(前記14名含む)、19歳が1名である。

増加につながったこと、パブが出会いの場として重要な機能を果たしたことを示す[14]。次いで、フィリピンで出会ったのが11例。旅行中に知り合う（27、51、58）、マニラ出張で得意先会社に勤務していた女性と出会う（55）、日本料理店の料理人が同じ建物上階のレストランでウェイトレスをしていた女性と出会う（14）、研究者がフィリピン滞在中、女性と出会う（3、45、46、47）など、観光、仕事によるものである。さらに、7組（7～12、37）は日本の行政機関が結婚業者と提携して、結婚をとりまとめた例である（次章参照）。他の3組（42、43、50）は結婚業者の紹介であり、行政や結婚業者が果たした役割も見てとれる。なお、3組（2、25、26）は日本人と結婚したフィリピン女性がいとこや姉妹を紹介したケースであり、日比結婚の連鎖と表現できよう。

【エピソード】
　香川県観音寺市在住・立山正三さん（55歳）は23歳にして、さぬきうどんの店を開業、一時は年商1億を稼いだ。日本人の妻との間には2人の子どもも生まれ、幸せな家庭を築いた。しかし、1982年、妻は癌にかかり、3年間の闘病生活の後、85年に亡くなった。36歳の立山さんには11歳の息子、8歳の娘が残された。彼は当時をこう振り返る。「もうどないしていいのか、わからなくなった。いくらお金があっても意味がないと思った」。ちょうど当時、観音寺でもフィリピン・パブがオープン、「ものすごく寂しくなった」彼も通い始めた。最初にマリア、次にコニーという女性に惚れ込んだ。コニーがマニラへ戻ると、40万、50万円とすぐ送金した。ほどなく、コニーから電話があり、トクノシマにいるという。徳島かと思ったら、奄美の徳之島。母が病気と言われ、すぐ20万送った。それから、会いに行った。だが、パブのマスターによれば、彼女にはマニラにフィリピン人の夫がおり、この間も18万するビデオカメラを買い、みんなを映して、自慢していたという。だまされたと思った彼は徳之島警察に告訴、四国へ戻った。その後、観音寺警察から連絡があり、コニーが3日間、徳之島で拘留されたが、本人が罪を否認、証拠不十分で釈放されたという。腹

---

[14] 鈴木伸枝氏も正式にインタビューした日本人男性43名中、25人が女性とナイトクラブで知り合った、その他の男性は結婚業者や友人から紹介してもらったとして、パブが出会いの場として重要な機能を果たしていると指摘している[Suzuki 2003：97]。

を立てた彼は、彼女が奄美で別の名前を名乗っていたので、偽造パスポートのはずだと入管に通報した。だが、それから、気になり、数週間後マニラのコニーに電話すると、「あんたのためにフィリピンに退去強制よ、私の家族どうなるの」と言われる。罪悪感を感じた立山さんはマニラへ。そして、ついに、コニーがフィリピン人の夫と暮らしているのを見て、やっとあきらめがついた。傷心の彼にフィリピン人ガイドが気を使って、高級デパート・ルスタンでセールスをしていたマリーンさんを紹介した。彼女は下宿で彼とガイドに手料理を出してくれた。その真心に彼は感激する。また、親に頼らず、自分や兄弟姉妹のために「一生懸命がんばっている」彼女に惚れた。四国にもどった彼はラブレターを毎日書き送り、ついに88年結婚。立山さんは38歳、マリーンさんは21歳だった。その後、2人の間には娘さんが生まれ、現在も夫婦は観音寺でうどん造りを続けている。

3 フィリピン女性の横顔

　日本でOPAとして働いていた36人の女性は、来日前は年齢が若く、無職だった例が多い。就業していた女性では、フィリピンで家事労働者(18)、大学研究員(54)、クウェートで家事労働者(4)、サウジ・アラビアでベビーシッター(23)などがいる。海外労働経験を持つ人々がいるのだ。フィリピンで日本人男性と知り合った場合、企業勤務(55)、デパート店員(27)、レストランのウェイトレス(14)、バーガール(6)、NGOスタッフ(51)、大学院生(45)、大学研究員(3)など、職場や就学先での出会いである。業者・行政仲介結婚の場合、無職(7〜11、37)、コンピュータ教師(11)、マニキュリスト(12)といった具合。友人・知人の紹介で知り合った場合、農地改革省職員(26)、小学校教員(25)、日本で通訳業務(2)である。

　出身地はマニラ首都圏だけでなく、ビサヤ諸島、ミンダナオに及ぶ。OPAの場合、リクルーターがマニラだけでなく、地方都市でも新聞広告を出し、面接募集を行なっているからだ。ただし、フィリピンで日本人男性と知り合う場合、女性が就業、就学していたマニラが中心となる。

　年齢を見ると、既に見たように20台前半〜半ばで結婚し、日本で生活して10年以上という女性たちもいる。30代から40代となった彼女たちは、夫婦共稼ぎ

で、子育てにいそしむ一方、親戚や友人を日本人男性に紹介したり、新たに日本人と結婚したフィリピン女性に仕事を紹介したりと、「先輩」として同胞を支援している[15]。

　現在の職業を見てみると、子どもが幼いとか、夫が希望するという事情から、職につかない女性たちもいる。それでも、彼女たちは割安な国際テレフォンカードやフィリピン食材をフィリピン女性や男性労働者(研修生)に販売し、家計を助けている。

　また、判明している範囲で、18人が食品、パッケージ、衣料、ジーンズといった工場で働き、日本の製造業を支えている。温泉旅館、豆腐屋、パン屋、病院の清掃を入れると、22人がパート労働についている。時給単価が高く、さらに深夜は手当もつくため、食品工場で午後6時から夜勤で働く女性たちもいる。こうして、OPAとして働いた女性も多くが結婚後はパート労働にシフトする。

　老人ホームで調理担当(7)、化粧品のセールスレディ(12)もいる。他方、ホワイト・カラー系の職業は、通訳(2、44)、大学教員(47)、英語教師(3)など比較的少数である。

　このように、パート従事者の多さは日系ブラジル人、日系フィリピン人、外国人研修生・実習生と並んで、彼女たち外国籍者が現業を支えていることを示している。例えば、彼女たちが勤務する食品工場では日系ブラジル人、中国人研修生も働いている。また、パート労働をするフィリピン女性の中には、来日前、公務員だった女性もおり、日本で学歴、キャリアが生かせていない。フィリピン側からすれば、才能が国外へ去ってしまうという「頭脳流出」と言えよう。日本における言葉の違い、職業訓練機会の欠如、採用差別が背景となっている。

　なお、夜パブで働く女性は8人と少数派である。パブ労働は時給が高いが、仕事が深夜に及んで身体的につらいこと、朝起きるのがつらくなり、夫や子どもとのコミュニケーションの機会を失いがちになること、家族生活を優先したいという希望と衝突すること、また、商売として男性客を「接待」させられるため、夫が嫉妬したり、夫が許さないといった理由があるようだ[16]。

---

[15] 自治体や司法機関との協同については第6章参照。また、在日フィリピン人の出産と子育ての相互扶助については[髙畑 2003]がある。
[16] 就業の現状、諸問題については第6章を参照されたい。

第3章　農村花嫁：業者仲介による結婚

佐竹眞明

Ⅰ．それは山形から始まった

　1980年代半ば、町や村役場が民間の結婚業者と提携して、地域の男性と外国人女性との結婚を取りまとめる動きが始まった。まずその相手となったのが、フィリピン女性だった。行政機関は農村の「お嫁さん不足」を解消し、過疎化対策、地域の活性化を図ろうとしたのだ。

　発端は山形県西村山郡朝日町(あさひまち)だった。町のホームページによると、町を二分するように中央を最上川が流れ、大自然に抱かれた地域だという。「リンゴとワインの里」としても宣伝している。当時現地を訪れた宿谷京子によると、87年の人口は約1万人、それまでの30年間で、約6000人が流出したという過疎地域であり、高齢化が進み、65歳以上が人口の18％強を占めていた。30代の独身男性は239人、同年代の未婚女性は50人弱で、嫁1人に婿5人という極端なアンバランス状態だった［宿谷　1987: 57］。ちなみに、2000(平成12)年10月1日時の人口は9555人(女性4796人、男性4759人)で、人口数に変化は見られない［同町ホームページ］。

　「増えてきた農村の外国人花嫁さん」という特集を載せた『農業富民』1987年2月号によると、1982年より町は予算を組み、日本青年館結婚相談所に依頼して都会の女性との集団見合いを行なった。しかし、多くの時間と行政、個人費用をかけたのに、3組しかゴールインしなかった。そこで、同誌で朝日町企

画広報係長・菅井和広氏が語るように、「運命の赤い糸は国内だけに限らない」とばかり、町が国際結婚をアレンジしたのである。氏によれば、「嫁さんが来てくれるような町づくりをすることが先決」という意見は、現状認識として、現実とかけ離れた理想論にすぎない。「30代の青年たちは…自己を変革して、若い女の子に合わせようなどと、器用なことのできる年代ではない。こんな人たちが幸せになるにはどうしたらよいだろうか…日本国内で相手がいないなら（いや、いるかもしれないが、その人を探し出すには時間的、経済的、年齢的に限度が来ている）、…航空機の発達している今日、日本国内へ行くより近い外国がいっぱいあるのである」［菅井 1987：53］。

宿谷によれば、「今現在いるこの村の数百人の独身の跡取たちをどうするのか」が緊急課題であり、1つの解答が国際結婚だった［宿谷 1987：62］。フィリピンとの関係について、町は当初、東京連絡事務所所長の友人がバタアン州アブカイ町でエビ買い付けをしており、所長が嫁不足と伝えたところ、フィリピン女性を紹介してくれたと発表した。だが、実際は、民間の国際結婚斡旋業者JPM（ジャパン・フィリピン・マリッジ）プロデュースが持ちかけた企画だった。

JPMは1984年に発足、国際結婚の草分けを自認する。元中学校教頭、カラオケ・ゲーム機のリース業者、ゴルフ・事務用品販売業者の3人が始めた組織で、フィリピン、バタアン州アブカイ町でエビの仲買をしている日本人がフィリピン駐在員をしている［宿谷 1988：45-46］。当初、JPMは過疎が深刻な東北に目をつけ、岩手県三陸海岸沿岸の町村役場、漁協、船主協会、商工会議所を訪ね、フィリピンとの国際結婚を持ちかけた。だが、どこも「フィリピン女性までは…」と相手にしなかった。JPMは戦術を変え、地方に影響力を持つ衆議院議員に話を持ち込んだところ、地盤の山形県米沢市周辺の市町村に紹介してくれた。その結果、朝日町の村長が関心を持ったという［日暮 1989：237］。

こうして、集団結婚を通じて、1985年8月～86年9月に9組の結婚が成立し、アブカイ町出身のフィリピン女性たちが村で生活を始めた。

「フィリピンから農村花嫁」は大ニュースとなり、日本中の自治体、農協が町へ問い合わせ、訪問するようになった。県内北にある最上郡大蔵村もその1つだった。大蔵村は森林面積が85％を占め、人口は1955年9000人に対し、86年には5219人と4割減、過疎化が深刻だった。25～40歳の独身男性約400人に対

し、同年齢の女性は200人、農家ではさらに深刻で、10アール以上田畑を持つ農家の結婚適齢者は男性100人に対し、女性は20人だった［宿谷 1988: 57-58］。村役場は朝日町から、在留邦人で構成されるマニラ日本人会の連絡先を聞き、カビテ州バコール町の女性らと村の男性との結婚をまとめた。日本人男性10日間の滞在中、お見合いから結婚式まで4日間というスピード結婚も5組あった［宿谷 1988: 60］。こうして、大蔵村は86年8〜9月の2ヵ月間で10組もの日比結婚をまとめた。

なお、前述のBBCドキュメンタリー『媒酌人 Matchmaker』は、マニラの日本人結婚業者を通じて大蔵村の男性2人が北部ルソン・バギオの女性2人と結婚する過程を描いた。十分に知り合う時間もなく、結婚が成立する様子が記録されている。

II. 徳島でも

1 いきさつ

四国の徳島県三好郡 東祖谷山村(旧)は役場自らが日本の3大秘境の1つと観光アピールしていた。2003年、村へ通じるトンネルが開通するまで、最寄りの町、池田町まで山道づたいで2時間かかった。村には小さな商店しかなく、スーパーの買物や、病院に行くには池田まで出るしかない。2006年3月池田町など周辺5町村と合併し、東祖谷は徳島県三好市の一部となった。名物・川魚アメゴや名物・川魚アメゴや手打ちの祖谷そばがおいしく、秋の紅葉も美しい。2003年には村営観光施設「いやしの温泉郷」もオープンしたが、林業も廃れ、男性は土木工事に依存。女性が働けるのは縫製工場や隣の西祖谷の温泉旅館にほぼ限られる。1992年12月、村にある池田高校分校(4年式授業)を訪ねたことがあるが、卒業生全員が村を出て、香川県高松市の企業や善通寺市の自衛隊に入るという。

実際、人口は1955年の9000人をピークに減少を続け、70年5000人、87年9月には約3200人となった(2003年1月1日時では2404人とさらに減少)。87年当時、25〜39歳の独身男性120人に対し、女性は31人。過疎化と嫁不足は深刻だった。

東祖谷山村の村長、助役も山形の花嫁受け入れに注目した。当時の助役によれば、「嫁不足で色々催し物をしてきたが、解決せず、山形などのフィリピン女性との国際結婚を知り、地元の人も賛成したので」、企画した。87年5月、朝日町に役場職員とともに出張し、「国際結婚」の実情を調査したという［1992年12月11日インタビュー］。

村とフィリピン北部ルソンのイサベラ州サンチャゴ市の市長とを仲介したのは、村や同州で霊芝(きのこ)栽培をしていた高松市の会社社長だった。

1987年7月16日、村の男性5人が助役、会社社長とともにサンチャゴ市を訪問。翌17日、市内のホテルでお見合いパーティを開き、婚約を決めた。地元の女性が400人応募し、市長側が100人に、さらに、助役たちが28人に絞った。遅れてサンチャゴに着いた村の男性1名を含め、6組の婚約が決まった。

いったん日本側は帰国し、8月末、サンチャゴに戻って、同30日ホテルで盛大な結婚式を挙げた。そして、女性たちがマニラの日本大使館で配偶者ビザを取得した後、9月3日、6組の日比カップルは当時の大阪・伊丹空港経由で、高松空港へ。高松で1泊した後、4日、村が手配したマイクロバスで、村へ到着。役場前では村人、マスコミ総出の歓迎会が開催された［『朝日新聞』1987年8月23日、『徳島新聞』1987年9月4、5日］[1]。

2 結婚後

女性たちのうち2人は村の縫製工場で働き始めた。夫たちが結婚に平均170万円を費やし、彼女たちは精神的に重荷を感じたので、収入を得て、少しでも独立したいと思ったからだそうだ［1992年12月12日インタビュー］。スポーツメーカー・ミズノの下請工場で働き、日給は2500円。これは徳島県の最低賃金3382円違反であり、新聞で暴露され、雇用主は労働基準局の指導を受けて、事態は改善された。工場側は、村から安くてもいいからと頼まれ、彼女たちは日本語が不十分で、技術も未熟だったからと弁明した［『朝日新聞』1988年1月31日］。92年、筆者によるインタビューでは当時の助役はこう事情を説明された。「ご夫婦たちから仕事を探してほしいと頼まれたので、ともかくミシンの前に座ら

---

[1] 新聞記事は［蔭山 1988：1-8］に詳しい。また、以下、東祖谷に関しては筆者が担当した四国学院大学における実習授業の報告書［佐竹監修 1992：97-98；2000a］も参照した。［木野 2005］も興味深い。

せておいてくれと会社にお願いした」

また、当初3ヵ月、中学校の英語の先生がボランティアで女性たちに日本語を教えた。だが、寒くなり、雪で交通も悪くなって、講座は中断。その後、90年4月から94年1月まで4年間、香川県にある四国学院大学が日本語教員養成課程の実習として、月2回、土曜の午前中、学生を祖谷に派遣し、日本語を教えさせた。役場が学生の交通費を負担し、役場の一室が教室となった。女性たちは表現力向上を目指して、日本語新聞『東祖谷村の声』に文章を寄せた(65ページ参照)。

他方、村の保健婦、高橋玉美さんや元小学校教諭ら地域女性も彼女たちを支援し、交流を図るべく、88年1月から月例で「ミズ・オープン・セミナー」を開いた。セミナーでは、当時四国学院大学で教鞭をとっていた横山正樹さん(フィリピン・平和研究。現フェリス女学院教授)、ロザリンド・ベドローさん(エコロジー研究)、リサ・ゴーさんが環境や人権問題を論じた。フィリピン料理教室も開かれ、この活動は3年続いた。

その後、ネリアさんが日本語を猛勉強、池田の教習所に泊まり込み、91年1月自動車免許を取得。次いでテレシータさん、デイジーさんらも同様に運転免許を取った。池田行きのバスは朝夕で4本だけ。村内で子どもを保育所に連れて行くにも車は不可欠だ。難しい用語を覚えての快挙だった。

3 フィリピン女性の社会活動
①徳島・香川

1991年2月、テレシータさん、デイジーさん、ダアノイなど徳島、香川在住のフィリピン女性が「タンゴル・カラパタン」(フィリピン語[2]で「権利擁護」)というグループをつくり、池田町で例会を開き始めた。タンゴル・カラパタンは、93年5月22日、香川県善通寺市の市民団体「ヒラの会」[3]とともに、市内

---

[2] Filipino。フィリピンの標準語(国語)。フィリピノ語という表記もあるが、慣例に従い、本書では「フィリピン語」と呼ぶ。タガログ語を基礎として、地方語も取り入れられている。
[3] 善通寺市内の養護学校教諭、高校教師、大学教員、大学生などが加わった。機関誌『ひら』を発行。命名には「Human Rights in Action」と「ヒラ・普通の人がつくる」が掛け合わせてある。1994年1月にはフィリピンの元「従軍慰安婦」犠牲者をフィリピンから招待し、「なや」で、日本の戦争責任・補償問題を考えるシンポジウムも開催した。

のオープン・スペース「なや」で、シンポジウム「『フィリッピーナを愛した男たち』をめぐって」を開いた。

久田恵のルポ『フィリッピーナを愛した男たち』[久田 1989]は日本のパブ、クラブで働くフィリピン人女性と結婚、あるいは同棲する日本人男性10数人のことを描いたもので、第21回大宅壮一ノンフィクション賞を受賞。その後、1組の日本男性とフィリピン女性を描くドラマに脚色され、92年12月、フジテレビ系で全国放映された。主人公「敏夫」役を歌手の玉置浩二、「ルビー」をフィリピン人女優ルビー・モレノが演じた。放映後、リサ・ゴーさんら在日フィリピン女性は企画・脚本・監督担当の水島聡氏やフジテレビに抗議した。理由は次のようなものだ。

ドラマは日本で働くフィリピン女性を「売春婦であり、金銭を得るためには男を利用する、ずるい金目当ての女性」として描いた。マニラのスラム地域を紹介し、フィリピン社会の貧困を強調した。ドラマの最後で、ルビー、敏夫がトラックの上から、スラムの住民にお米とお菓子を投げ与えるシーンは「父権的・庇護者的」である…。

日本各地のフィリピン女性１万100人が抗議状に署名した。製作者や監督とのやり取りは日本、フィリピンで報道され、民族差別と表現の自由をめぐって、議論が交わされた[『毎日新聞』1993年４月14日、『朝日新聞』1993年７月８日、*The Philippine Star*, May 20, 1993 など]。日本に在住するフィリピン人が増える中で、影響力の強いメディアに対して、初めてフィリピン女性たちが真っ向から異議を申し立てた事例として、注目される[メディアと人権を考える会 1993; ゴー・鄭 1999; 稲垣 2000; 笠間 2002: 121-148]。

善通寺のシンポではフィリピン女性に対する日本人のイメージが議論され、パネリストとして、テレシータさんは電車の中で見知らぬ日本人男性に「いくらで商売しているのか」と聞かれた体験を披露した。その上で、「私たちの国が日本人の目から見て汚く見えるからでしょうか。貧しい国と映るからなのでしょうか」と疑問を投げかけた。夫のひとしさんも日本人に偏見があるように感じると述べ、こう付け加えた。

「日本人はもっとフィリピンに足を運んだり、日本でフィリピン人と話をするべきです。せっかくフィリピン人が身近にいるのに話を聞かないのはもった

いない」

　さらに、タンゴル・カラパタンは93年7月「なや」で、ヒラの会と共催して、「フィリピン料理フェア」＋「日本人とフィリピン人との交流集会」（ハート・トゥー・ハート・トーク）を開いた。東祖谷のテレシータ・ひとし夫婦、徳島県三好町のエバさん、リサ・ゴーさん、夫のケビン内田さん（日系アメリカ人）、善通寺在住のフィリピン女性ロエさんや筆者夫婦も参加した。炊き込み御飯バレンシアナ、豚の角煮アドボに舌鼓を打った後、グループに分かれて話し合った。テーマは結婚生活に関するもので、日本人同士とフィリピン人との結婚との違いは何か、妻、夫の役割はどうかなどを自由に語り合った。

②在日フィリピン女性ネットワーク
　日本キリスト教団宣教師として広島に移ったリサ・ゴーさんが93年5月15〜17日、各地のフィリピン女性を招き、「広島全国交流会」を開いた。善通寺のシンポ直前だったが、祖谷のテレシータさん、デイジーさん、三好町のエバさん、ダアノイなど四国勢も参加。北海道、秋田、地元広島のフィリピン女性も加わり、23人が参加した。まず、2日間ワークショップを開き、「私はだれ」「私たちはだれ」「女性とは」「フィリピン人とは」という問いを重ね、自分たちの置かれた状況やアイデンティティを確認した。3日目、話し合いを踏まえ、日本人、在日韓国・朝鮮の女性たちと意見交換した〔『読売新聞』93日5月18日〕。フィリピン女性たちはこう発言した。

　「私たちは言葉や文化を覚えようと一生懸命努力している。ところが、わからない事を聞いても夫は『ウルサイ』という。彼らは自分の子孫がほしいだけ。私たちはいわゆる"お手伝いさん"ですか」「私たちはこうして集まって、解決しようとしているけれど、男性には自分の問題について相談したり、助けを求めたりできるところがあるの？　フィリピン女性と結婚した夫たちの交流も必要ではないか」〔『読売新聞』、93年5月20日〕。

　集会参加者が中心となり、同8月、在日フィリピン人女性ネットワークが結成され、フィリピン語のニュース・レター *Pinay Ito!*（『こちら、フィリピン女性！』）が創刊された〔ダアノイ 2000a〕。第1号では広島集会に関する「在日フィリピン女性：広島における心の痛と魂の模索」（ロエラ東海林）、「フィリピン

PINAY ITO!

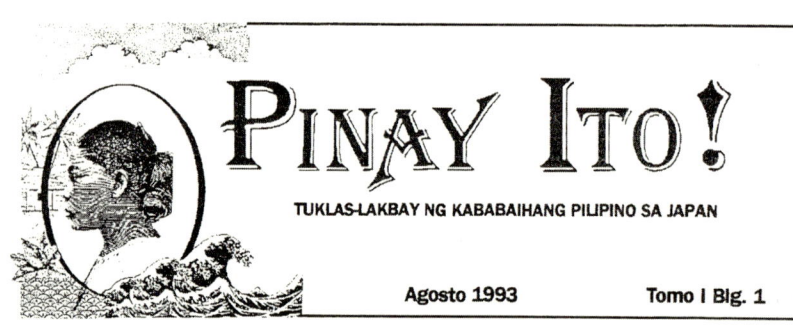

TUKLAS-LAKBAY NG KABABAIHANG PILIPINO SA JAPAN

Agosto 1993   Tomo I Blg. 1

Filipino Women Empower!

by Corinna Alvarez

Fifteen Filipino women from all over Japan met in Hiroshima for the First National Gathering of Filipino Women in Japan, 15-17 May 1993. The meeting was organized by the NCC Hiroshima Peace and Human Rights Center. The areas represented in the meeting included Sapporo, Akita, Tochigi, Kagawa, Kyoto, Osaka, Tokushima, Hiroshima and Fukuoka. The Filipino women gathered to share their stories and experiences, to explore and organize themselves into a network of self-help and mutual support. The group recognized the need to pool together awareness-raising resources for Filipino women married to Japanese men, migrant workers and entertainers, students and professionals.

During two days of closed sessions, the women shared stories of personal struggles, hardships they have gone through adjusting to Japanese society and culture, the various forms of discrimination experienced as foreign members of Japanese society. The small group discussions provided space for the women to recount their journey from the Philippines to Japan — why they left home and dared come to Japan, individual expectations and frustrations about the country, and to reflect on each person's version of the "Japan Dream" while facing up to the reality of their present situation.

The participants were challenged to criti-

(cont. p. 7)

Pinays in Japan :
Heartache and Soul Searching in Hiroshima

by Louella Shoji

Reading the guidelines and methodology for the First National Gathering of Filipino Women in Japan, I thought everything would be easy. After all, I'd been to a lot of seminars and workshops before - what else could be possibly new? Little did I consider the impact the sharing was going to create in my life.

We came from different parts of the Philippines, from all walks of life, now living in Japan. Some of us were housewives, part-time workers, factory workers; one was a university professor, another a student. There were former entertainers, one still sings at a club. One was a widow who left the Philippines to pursue her own ambition and dream as a woman; one walked out on her abusive husband then got a divorce - now she's a worker and single parent to her four year old daughter. All of us were different, but in some ways shared similar points of view, sentiments and hopes.

After the introductions we divided ourselves into sub-groups for the workshop proper. It was at this point that we got immersed in each other's lifestory, and I was slowly being drawn into the group.

It was not an easy process for me. I had so many hesitations. How far should I commit

(cont. p. 6)

THE VOICE OF 東祖谷山村の声 HIGASHI-IYAYAMA
　　　　　　　　（ひがしいややまそんのこえ）

第3号（1991. 9. 20）　　　発行　東祖谷山村役場（徳島県三好郡東祖谷山村京上１５７、☎0883-88-2211）
　　　　　　　　　　　　　　　　　　　　　　（発行責任者　日本語講師　浜島　敏）

戦　　争

梶本ドロレス

祖谷の皆さん、お元気ですか。私の新聞記事を読んで下さいましたか。まだ、日本語はよく分かりませんが、読者の皆さんのためにがんばって書きました。

今日の話題は戦争です。戦争とは何でしょうか。どうして戦争が起こるのでしょうか。その動機は何でしょうか。1月アメリカとイラクが戦争をしました。恐ろしいことです。たくさんの人が死にました。子供までも亡くなりました。本当にかわいそうです。原因は何だったのでしょうか。だれが悪いのか知りませんが、私達は動物ではありません。もし、大統領が自分の国のことを考え、愛しているなら、やめるべきです。人の命は大切です。平和な生活が大切です。日本人でも、何人でも、世界の人はみんな本当は家族です。私達は、神様から創造されたものです。私はフィリピンで生まれましたが、他は日本人と変わっていません。言葉と宗教が変わりましたが、あとは同じです。

日本人はフィリピン人は悪いと思っているみたいですが、そんなことはありません。食べるものは高いし、ガソリンも高くなりました。貧乏な人が多いですが、みんな愛をもって、幸せを願っています。戦争は、要りません。夢にも見たくありません。

LOVE ＆ PEACE
in this world.

日本語って何？

西川照真

日本語は、日本人が話す言葉です。でも、地方によって、さぬき弁とか祖谷弁とかいろいろな方言があります。以前は、方言は分かりませんでしたし、そんなところで暮らすのはさぞかし大変だろうなと思っていました。ここに着いたとき、一番大きな問題は、方言でした。私は、英和辞典や本を何度も読みかえして、日本語をいっしょうけんめい勉強しました。でも、この地域独自の祖谷弁などがあることは知りませんでした。でも、今は、私を気遣ってくれる夫や友達の助けによって、祖谷弁も少し分かるようになりました。言葉の問題だけでなく、日本の生活様式など多くのことを学ぶことができました。私達をいろいろと助けて下さった皆様に心から感謝申しあげます。

タガログ語ーロメモ

タガログ語の勉強はいかがですか。「お元気ですか」は、何だったか覚えていますか。そう、「コムスタ・カヨ」です。「元気です。ありがとう」は、「マブティ・ナマン、サラマット。」（Mabuti naman, salamat.)。「さようなら」は、「アアリス・ナ・アコ。」(Aalis na ako.)、「また、合いましょう。」は、「マグキタ・ウリ・タヨ。」(Magkita uli tayo.)です。それから、「おめでとう。」も覚えましょう。「マリガヤン・バティ」(Maligayang bati)と言います。もう一つ、名前を聞いたり、答えたりするのは、次のように言います。「お名前は？」と言うのは、「アノン・パンガラン・モ。」(Anong pangalan mo?)、「私の名前はエミコです。」は、「アン・パンガラン・コ・アイ・エミコ。」(Ang pangalan ko ay Emiko.)と言います。では、それぞれ自分の名前をタガログ語で言ってみましょう。

では、マグキタ・ウリ・タヨ！　　　（ドロレス）

免　　許

横関ノビー

昨年の夏、自動車免許を取りたいと思いました。子供を遊園地や友達の家やドライブに連れていきたいと思ったからです。子供が家の中ばかりにいるのは良くないと思ったのです。また、いつも夫と買い物や病院や遊びに出かけるのは楽しいですが、いつまでもそのままでは良くないとも思いました。夫婦は、お互いを尊重し、信頼し、それぞれに頑張らなくてはいけないのです。

1990年7月、免許を取りたいとは思いましたが、いろいろ心配でした。友達にどうすればいいか相談しました。国籍はないし、住民票もない、言葉も良く分からない、漢字も読めない。友達は、まず言葉を勉強するしかないと言いました。9月に入学したいけれど、無理かなと思いました。

出所：[Pinay Ito!：19]
註：発行責任者の浜島敏さんは当時、四国学院大学教授。大学の日本語教員養成課程を担当しており、学生を祖谷に派遣して日本語を教えさせた。

女性よ、力をつけよう！」(コリーナ・アルバレス)という記事が巻頭を飾った。彼女らが自ら情報・意見を発信し、力をつけていくことを目指す創刊で、95年の第4号まで続いた[4]。96年、第2回交流集会が北海道・札幌で開かれ、テレシータさんもダアノイとともに参加した。

4 東祖谷の現在

　いろいろな事があって、1987年東祖谷に来た6人のうち、2005年6月現在、村に残るのは2人、デイジーさんとポリーさんだけだ(**表8**: 48-49ページ)。
　ネリアさんは88年5月に男の子を出産、6カップル最初の赤ちゃんだった。しかし、91年10月、工事中の事故で夫が死亡、3歳の男の子とともに残された。村のはからいで彼女は新設の村営・観光物産センター(みやげ屋兼食堂)で働き始めたが、その後、93年頃、息子を連れ、村を去った。他の2人はそれより早く男性と別れ、村を出ている。テレシータさんは98年、夫とともに村を去った(詳しくは第4章)。
　90年以降、5組の日比カップルが新たに生まれた。デイジーさんが紹介したり、西祖谷に出稼ぎに来ていた女性と東祖谷の男性が知り合ったりしたのだ[デイジーさん、ポリーさんらへのインタビュー、97年6月7日、98年11月23日、2000年11月19日]。保健婦の高橋さんによると、青年海外協力隊でフィリピンに滞在した男性や、インドネシアに滞在したことのある男性もフィリピン女性と結婚しているという。これら新カップルの結婚には行政が直接関与していない。さらに、「国際結婚」として、やはり個人ルートで結婚業者から紹介を受け、中国人女性と結婚した男性が村に3人いるそうだ。うち、1カップルには子どもが生まれている[2004年3月11日インタビュー]。村にもグローバルな流れが押し寄せている。

---

　4 第2号(94年3月)は子どものミドル・ネーム、戸籍、3号(同6月)はTVドラマ「フィリピーナを愛した男たち」をめぐる問題点、4号(95年12月)はフィリピンにおける女性の健康、異文化間結婚(ケビン内田)等が特集されている。

Ⅲ. 行政と結婚業者

❶ 行政不介入へ

　朝日町、大蔵村、東祖谷以外で、自治体(教育委員会や議員も含む)が業者と提携しながら、アジア女性との結婚をまとめた例は、秋田県平鹿郡増田町、新潟県安塚町、塩沢町、六日町、川西町、新発田市、山形県白鷹町、同最上郡真室川町(87年)、鮎川村(88年)、戸沢村(89年)などである[宿谷 1988: 78, 82; 柴田 1997: 374]。ただし、[渡辺 2002: 19]によると、マスコミ等からアジア女性を商品化する人身売買、不自然なインスタント結婚との批判が強く、行政が結婚仲介をすることの是非が問題とされたため、山形県最上地域では、行政指導型結婚仲介は1～2回で打ち切られ、民間仲介による国際結婚へと移行したという。しかし、民間の結婚業者は過疎化に苦しむ自治体や地方議員へのアプローチを繰り返してきた。

❷「メール・オーダー・ブライド」禁止とその影響

　結婚業者というと、1980年代、オーストラリア－フィリピン間で問題となった「メール・オーダー・ブライド」(郵便による花嫁注文＝結婚紹介)を思い出す。それはこのようなものだった。シドニー、メルボルンなどの結婚業者がオーストラリア男性にフィリピン、インドネシアの女性リストを見せ、選ばせる。マニラやバリの事務所にオーダー(注文)が郵送され、女性は連絡を受ける。男性が現地を訪れ、女性に会い、結婚を申し込み、帰国、女性の入国を待つという仕組みである。結婚後、男性は女性が気に入らないと暴力を振るい、離婚、そして、別の女性を呼ぶ。さらに、暴力を振るい、また別の女性を呼ぶ。7回も繰り返した男性さえおり、「シリアル・マリッジ」(連続結婚)は女性の人権を無視するとして、大問題となった。

　オーストラリアの入管政策は変更され、海外から配偶者や婚約者を呼べるのは最大2人まで、そして、2人目が呼べるのは最初の配偶者・婚約者との離婚・婚約破棄から5年たってからとなった[Satake 2000: 186]。90年、フィリピンのアキノ政権も人身売買だとして、「メール・オーダー・ブライド」や類似

の方法によって結婚目的でフィリピン女性を外国人に紹介する行為を禁止する法律(共和国法6955号)を制定した[5]。この法は実施機関を特定せず、有名無実化していったとも言われる[Somonte et. al. 1995: 9]が、法律により、フィリピン国内の集団見合いが難しくなり、日本の結婚業者は韓国女性に矛先を転じた。

　この点に関して、桑山紀之によると、80年代半ば〜90年頃まで農村結婚で招かれる女性はフィリピン人が主流だったという。その後、89年からは主流が韓国となり、在日韓国人ではなく、韓国本土から女性が迎えられた。しかし、「韓国人女性は気性が激しく、日本人男性には合わない」という勝手な理由により、92年頃から、供給先が中国に変わっていった。94年からは、ベトナム女性も迎えられるようになった。ブローカーは「ベトナムの田舎の純粋な娘さんですから、山形に合いますよ」と宣伝するそうだ[桑山 1995: 17]。

　東祖谷の役場にも、95年長崎県佐世保市の結婚業者が中国人女性との結婚を持ちかけ、村長、助役、他職員計11人が説明を受けた。この結婚業者は『経費の内訳』という文書を提示した(69ページ参照)。文書には「訪中費用(各7日間滞在)見合い時…確定時…冬場に訪中する場合は往復旅費が格安になる」とある。「日本語教育費用」として、「6ヶ月間…」「女性一人月五千円以下ですむと思います」とも記している。さらに、「宴会費用30人以上の合同で行えば、費用は安くすむと思います。田舎ですし、金額は問題ないでしょう」「結納金私見ですが20〜30万で十分ではないでしょうか」とも記述されている。費用をかけないで、結婚できますよと売り込む姿勢が明らかである。

　しかし、行政の関与に役場内で批判が出て、企画は取りやめとなった。とはいえ、この結婚業者は三好郡三好町の町会議員に働きかけ、98年までに、町の男性と中国女性との結婚を10組以上まとめた。

3 行政のケア

　既に89年、最上地方8市町村で構成する最上広域市町村圏事務組合内に国際交流センターが開設され、大蔵村を含む最上地域は農村の外国人妻への定住支

---

[5] Republic Act 6955: The Anti-Mail Order Bride Law, An Act to declare unlawful the practice of matching Filipino women for marriage to foreign nationals on a mail-order basis and other similar practices.

【結婚業者が提示した経費の内訳】

1　日本男性の写真、ビデオの作成。
2　中国での特定機関あるいは新聞による公募費用
3　中国女性の写真、ビデオの作成
4　訪中費用（各7日間滞在）
　　　　　　　　　　　　見合い時　　10〜3月まで
　　　　　　　　　　　　確定時　　　4〜9月まで
冬場に訪中する場合は往復旅費が格安になる
5　宴会　2回
　　　　　　　　　　　　見合い時
　　　　　　　　　　　　確定時（披露宴）
6　日本語教育費用　6ヶ月間　教材、寮、食費、教育費
7　結納金
8　来日旅費
9　当社手数料
　　20万円

当社手数料　上記1のビデオ作成、2、3、4の往復旅費、ホテルの手配
　　　　　　見合い等の中国における一切の業務、社員の同行、日本語
　　　　　　教育に関する手配一切、パスポート、ビザ申請の補助業務、
　　　　　　女性の来日までの相談
　　　　　　20万円の内、10万円は見合いのため訪中時に、残10万円
　　　　　　は女性の来日時に。支払いに関し、村長が保証してもらい
　　　　　　ます。
訪中費用　　成田―北京―中国国内　航空旅費、ホテル代
　　冬場　　20万円以下　　　　　　（成田までの旅費、食費は除く）
　　その他　30万円以下
宴会費用　　30人以上の合同で行えば、費用は安くすむと思います。
　　　　　　田舎ですし、金額は問題ないでしょう。
日本語教育費用
　　　　　　女性一人月五千円以下ですむと思います。寮、食費、教育
　　　　　　費等のすべての費用を含めます。
結納金　　　私見ですが20〜30万で十分ではないでしょうか。

援において行政の施策を積極的に進めているそうだ[松本・秋武 1995：2；松本 1995：86；柴田 1997：375；渡辺 2002：20]。この地域では、中国、韓国、フィリピン人妻が多く、99年末、外国人登録者512人のうち57.2%が日本人の配偶者であり、新庄市をのぞく町村部ではその比率は71.7%に及ぶという[渡辺 2002：19]。在住外国人の7割以上が日本人の配偶者、特に日本人男性の「外国人妻」なのだ。地域では、日本語教室、異文化交流、保健・医療事業、子どものための教育懇談会など、多面的ケア・システムが確立されている。「外国人も住民であり、日本人と同様に市町村の行政サービスを受ける権利を有する」という基本認識が行政機関に浸透しているそうだ[柴田 1997：377]。せっかちな同化策をとらず、むしろ受け入れ側の日本人住民の意識変革に向けての取組がなされてきた点も評価されるという[渡辺 2002：35]。

　では、東祖谷においてはどうだろうか。前述のように村役場の日本語教室は雪のため、交通の便が悪くなり、3ヵ月あまりで中断してしまった。また、役場は87年11月、前述の会社社長と組んで、花嫁不足に悩む他の町村にもフィリピン女性を紹介する趣旨で、「東祖谷山村国際友好協会」（村長が会長に就任）を設立し、12月にはサンチャゴ市の女性を徳島県鳴門市1名、三好町3名、香川県丸亀市1名、計5人の男性に紹介した[『徳島新聞』1987年11月18日；12月18日]。

　しかし、そのうち、三好町の男性2名、丸亀市の1名と結婚したフィリピン女性3人は、翌年4〜5月、相次いで帰国してしまった。手紙や電話も禁止され、なかなか外出も許されない、夫や周囲とは言葉も通じなかったからである[『朝日新聞』1988年4月19日；6月2日]。これに対して、協会事務局長を務めた村の助役は「紹介までは村もかかわったが、今年1月の結婚式以降は業者の責任で、うちはもう手を切っており無関係。村外にまで紹介するのは難しかったようだ」と同協会のあっせん"凍結"を宣言した。会社社長も「もう、いやになった、会としてはもうタッチしておらず、うちの社員1人が個人的にやっているだけなので、何もコメントできない」とこちらも事実上の"撤収"宣言[『朝日新聞』1988年6月2日]。「友好協会」という名の下、行政と民間業者が提携してまとめた村外の国際結婚は尻すぼみとなった。

　村内の日比結婚夫婦に対する支援について、保健婦の高橋さんは「行政は女

性たちを村に招いておきながら、必ずしも十分な支援を提供できなかった」と指摘する[2004年3月11日インタビュー]。フィリピン女性たちを親身になって支えてきた方だけに、その発言は重い。

Ⅳ. 農村花嫁を振り返る

1 なぜフィリピンだったか

　山形県朝日町の職員は「日本はアジアで唯一の先進国。おごりではなく、アジアの女性なら、きっと日本の生活に順応してくれるはずであると思っていた」と言う[菅井 1987:53]。だが、これは「おごり」だった。「フィリピンを選択した理由は、日本から近い、300年以上植民地として、時の征服者にうまく立ち回り、『ハリハリ、サリサリ』（適当に、ほどほどにという意味）の言葉があるように、順応力が抜群であるということである」[同上書]（『　　』内はハロハロ、サリサリの誤り。意味も間違っており、正しくはごちゃ混ぜ、いろいろ＝筆者注）。このあたり、スペイン、アメリカ、日本の支配に対する抵抗運動の歴史を無視した指摘である。

　さらに、事前の調査で「家族愛、隣人愛がしっかりしている」こと、男性が中東に出稼ぎに出ており、女性が結婚難とわかったとも指摘している。いずれも、町に結婚話を持ちかけた結婚業者JPMの説明を受け売りしているのではないだろうか。

　村外の結婚希望者にフィリピン女性を紹介した東祖谷山村国際友好協会も問題のある文書を作成した。「何故結婚対象にフィリピン女性を選ぶか」「フィリピン女性との国際結婚について」「日本国男性に対する国際結婚の条件」「国際結婚承諾書」(75-79ページ参照)など、人権への配慮を欠いていた。

　これらの文書について、徳島『障害者』の権利を守る会の大野忠夫代表は「障害者とフィリピン女性に対する差別と偏見に満ちていて、…友好親善だなんてよくいえますねえ」と批判した[『朝日新聞』1988年1月24日]。

　こうした批判に対して当時の村長は「人によって評価が違うだろうが、これは村としての判断基準。花嫁をもらう以上、きちっと選ぶ必要がある。よそか

らいわれることに対し、いちいち答える必要はない」と述べた[『朝日新聞』1988年1月24日]。

ともあれ、なぜ農村国際結婚がフィリピン女性を相手に始まったのか、という疑問にもどると、事実関係として、JPMプロデュースという業者の呼びかけ、そして、それに応じた朝日町という経緯がある。そして、日本人側の意識として、「先進国」の人間というおごり、フィリピン社会文化に対する誤った理解があったことが指摘できる。なお、フィリピン側については、第2章II.「フィリピンにおける国際結婚」で記したような、日本人を含む工業国の男性との結婚を促すような国際的な経済格差、外国人へのあこがれも否定できまい。

2 行政の仲介

山形県・朝日町の職員が語るように、万策尽きて、日本人女性と結婚できないから外国人女性に来てもらう。東祖谷でも「嫁不足」解決が目的だった。過疎対策としての国際結婚＝女性の利用である。

「女性が来てくれるような地域づくり」は、理想論というより、それこそ行政の本道ではなかろうか。それは、就業機会、観光・娯楽、文化施設、イベントを通じて、女性、男性が住みたい場所を作るということである。各役場や議会がさまざまな努力を重ねてきた点は承知しているが、本道を行くのが基本であろう。2000年、筆者とともに実習の授業で、東祖谷を訪れた女子学生がこう指摘した。土木産業中心→男性中心の発想→福祉・教育への配慮を欠く→女性の流出→いっそうの男性中心主義。

実際、当時、徳島県那珂郡相生町町長は「日本の女性が嫁に来ないからといって、貧しい外国の女性を連れてこようというのは安易な発想」と批判している[『朝日新聞』1988年2月27日]。また、2000年、話を伺った東祖谷村役場企画振興課課長補佐・小西節子さんは「結婚は個人的なことであり、お互いをきちんと知る機会もなく、すぐに結婚してしまうことには賛成できない」と発言されていた。同村の保健婦、高橋玉美さんも言う。「子供を産んでもらうことを主な目的にして外国からお嫁さんを呼ぶことに、行政は関わるべきではない」[2004年3月11日インタビュー]。このように、役場関係者の中にさえ行政の仲介に疑問を持つ人々がいるのだ。

なお、1998年11月24日インタビューした企画振興課・芋本和美さんは別の観点から、行政の関与に否定的だった。「税金を特定の個人に使うのはおかしいという意見が村にある。また、行政がからむと、マスコミの攻撃材料になりやすく、プライバシーを侵害されかねない」［1998年11月24日インタビュー］。

❸家の存続と「嫁」

　農村の国際結婚について、柴田義助は家の存続という旧来の概念と「国際結婚」という新しい結婚形態が不自然に接ぎ木されたと指摘する［柴田　1997：374］。かつて東祖谷村の保健婦、高橋さんから伺った話を思い出す。池田町の病院で東祖谷のフィリピン女性が出産しようとしていた。姑は逐一、ビデオで記録していたので、彼女が撮影を控えるように頼んだところ、姑は怒り、「子どもを産んでもらうために、フィリピンから呼んだのに」と言ったそうだ。

　また、88年、三好町からフィリピンへ帰国した女性は「(結婚)業者が毎晩のように電話してきて早く子どもを産めと言われ、つらい思いをした」という［『朝日新聞』1988年4月19日］。これまた、子ども＝家の後継ぎという発想が如実である。

　男性優位の価値観も指摘したい。ドキュメンタリー『媒酌人』では、大蔵村の男性と結婚するフィリピン女性2人に、マニラの日本人結婚業者がこう説く。「フィリピンでは、男性と女性が平等。でも、日本では違う。稼ぎ主の夫がまず風呂に入る。次に舅、姑。その後、子ども。妻は最後に入って、風呂桶を洗いなさい」。そして、家庭に入ったフィリピン人妻が姑と一緒に食事を準備する間、夫は舅(父)とともに、食卓で漫然とタバコを吹かして待つ。お皿を運ぶとか家事をともにする気配はない。そんな家父長的な習慣が淡々と描き出されていた。

　2004年7月、筆者は高橋さんから依頼を受け、フィリピン女性の通訳をするため、東祖谷を訪れた。彼女は95年に村の男性と結婚したが、近年、夫が体調を崩し、働けなくなったので、夜、西祖谷の旅館でまかないとして働いていた。子どもが2人おり、姑も体調が悪いので、舅が夜、孫の面倒を見ているという。私が同席する中で、夫は妻に対して、「おまえが夜、働いて、家のことをちゃんとせんから、いかん」と言い切った。「おまえ」という表現から妻を見下す

感情が伝わってきた。昼より給料が高いから夜働いているという妻の主張は受け入れられなかった。夫や舅は、嫁が家事・育児を残らず担当すべきで、男にさせるのはもってのほかという話ぶりだった。

　思い起こすと、87年9月、女性たちへの歓迎会で、当時の吉田豊・東祖谷村長は「村ぐるみで立派な日本人妻として育てたい」と述べた。しかし、「嫁」という鋳型への封じ込めについて、桑山紀之は、10年間「退屈な夫と、退屈な生活」に我慢してきた山形のフィリピン女性たちが、真に愛する人を求めて、愛人を作るなどの「反乱」を起こしている状況を描いている［桑山 1997: 212］。中松知子も山形で主体的に行動するフィリピン人「花嫁」さんたちを描いている［Nakamatsu 2002］。また、次章で記すように、祖谷の女性たちも「嫁」という固定像を打ち崩し、さらに夫や周囲の人々の意識を変えつつある。

何故結婚対象にフィリピン女性を選ぶか

(1) スペイン領370年、アメリカ領45年、その後日本領（植民地）と言う歴史から立ち廻りが上手で、順応力のある国民である。
日本人よりは逆境に強いと言われている。

(2) 明るい性格で働き者、その上に隣人愛、家族愛が素晴らしい。特にルソン島北部の国民は勤勉であると言われている。

(3) 日本の男性は女性は従うものと言う観念が強い。その面でフィリピン人は日本の人情に近いものがある。

(4) 貧困だがインターナショナルのバックボーンがある。女性は意欲的で結婚してから愛情が出て来ると思っている。

(5) 多民族国家であるが故に国外に稼ぐことにあまり抵抗がない。

(6) 韓国は対日感情が良くない。台湾は経済成長が日本とほゞ同じ。ベトナムは政情不安定、インドネシアは回教徒、中国は日本人との結婚ではビザがおりない。
依って、フィリピン、タイ、シンガポール等が対象となるが、タイは仏教徒、習慣的になかなか日本人になじめない面がある。

(東祖谷山村国際友好協会)

新婚ハネムーン旅行

第1日目	高松空港〜（YS11）〜大阪空港〜（UA）〜マニラ空港〜マニラ都内ホテル
第2日目	ホテル〜マニラ国内空港〜（YS11）〜カワヤン空港〜サンチアゴ市内ホテル
第3日目	教会で洗礼を受ける
第4日目	挙式〜披露宴〜サンチアゴ市役所に婚姻登録し市役所発行の婚姻証明書を発行して貰う
第5日目	ホテル〜カワヤン空港〜（YS11）〜マニラ空港〜日本大使館（結婚具備申請、及びビザ申請）〜マニラ都内ホテル
第6日目	新婚旅行　マニラ市内
第7日目	新婚旅行　マニラ市内（渡航ビザ受領）
第8日目	ホテル〜マニラ国際空港〜（UA）〜大阪空港〜神戸市内ホテル
第9日目	ホテル〜神戸フィリピン領事館にてビザ変更手続き〜高松市内ホテル
第10日目	ホテル〜高松入国管理事務所にて外人登録〜高松市内レストランで昼食パーティ、ミーティング〜解散

(東祖谷山村国際友好協会)

出所：[藤山 1988]（以下同）

フィリピン女性との国際結婚について

1 　　日本人男性が結婚相手のフィリピン女性を選ぶ場合の必要条件。
　① 　ハイスクールを卒業している事（フィリピンのハイスクールは日本の高校とは少し違う。）
　　理由　・　英語が話せる。
　　　　　・　中流家庭であることの実証。
　　　　　・　ある程度の教養が身に付いている。
　② 　国外へ出た事がない、マニラで仕事をしたことがない。
　　　勿論日本語は全く知らない女性であること。
　　理由　・　売春婦でないことの実証。
　　　　　・　国外へ出ると、お金の為に売春するケースが多い。
　③ 　年齢は１８歳〜２５歳くらいまでの女性。
　　理由　・　この年代は順応性が高い。
　　　　　・　日本語を覚えるのも早い。
　　　　　・　素直である。
　④ 　持病を持っていない、並びに過去に大きな病気になったことがない。
　　理由　・　病弱でない。
　　　　　・　日本人には無いフィリピン独特の病気がある故注意が必要。
　　　　　・　性病を持っていない。
　⑤ 　結婚後仕送りの必要は一切無い女性。
　　理由　・　仕送りを一度すると家族はそれに頼り仕事をしなくなる。
　　　　　・　親が死んだ等々の理由をつけ多額の金を要求するようになる。
　　　　　・　嫁は自分の肉親を中心に考え、板ばさみとなり、なかなか日本の生活に順応できにくい。
　⑥ 　①〜⑤の５点について第三者（信用のある人）の裏付け、並びに身元保証が得られる事。
　　理由　・　外国の事だけに我々日本人としては、これ等のチェックをするのは非常に困難である。従って公的機関に頼るのが一番得策であり信用出来る首長の保証が得られれば最高である。一般的にブローカーが介入した場合、これ等のチェック並びに保証はまず得られない、従って離婚率も高いと考えられる。

　　　　　　　　　　　　　　　　　　　　　　　　（東祖谷山村国際友好協会）

２　　在マニラ日本総領事館ではフィリピン女性が日本人男性と結婚した後
　　離婚率が高いのに苦慮している。従って同居ＶｉＳＡの発給について
　　も段々厳しくなっている。離婚率の高い理由としては、
　① タレント（芸人）に惚れて結婚した場合。
　　キャバレーとか、バブへ来ているエンターテーナーは日本人、だれでもま
　　ず金持ちと思う（遊びに来ているから男性は金払いが良い）自分は日本
　　人と結婚すればフィリピンで云う上流階級の仲間入りが出きると考える
　　しかし通常の結婚生活は質素であり自分も働かなければならない。そし
　　て夢と現実のギャップに落胆して離婚する。
　② 民間の斡旋で見合い、そして結婚した場合。
　　女性の学歴、経歴、家柄、身元確認、身元保証等が無いケースが多いが
　　‥‥この場合結婚後諸問題が発生する。諸問題とは。
　　○ 過去の売春婦であった事が判明する。
　　○ 色々な理由をつけて仕送りを強要する。
　　○ 親が死んだとか特別の理由をつけて多額の金を要求する。
　　○ 教養度が低くて日本の生活になじめない。この場合、理性心
　　　に乏しいから文句ばかり云う。
　　○ 独特の民族と結婚した場合、生活様式が大幅に違いすぎる為、
　　　家族との間に異和感が生じる。
　　○ 春夏秋冬季節の移り変りと共に病気ばかりしている‥‥等々が
　　　挙げられる。これらの理由で離婚するケースが多い。
　③ ハイクラスのフィリピン女性と結婚した場合（この場合は９割以上が離婚
　　している。フィリピンのハイクラスの女性は何もしない、日常生活の全て
　　はメイドが全部する。従ってきれいに着飾って子供を生むのが仕事みたい
　　なものである。
　④ 日本人男性の浮気がバレると離婚するケースが多い。フィリピンは女性上
　　位、従って男性の浮気は特に嫌う。これ等の事を考えた場合、結婚する相
　　手女性の選択に注意すると共に結婚後の生活についても事前に充分話し合
　　うことが肝要である。
　⑤ 結婚する相手女性が決まったとして次に重要なのは書類手続である。
　　一般ブローカーが実施している手続きは、相手女性が決まれば教会で式を
　　挙げ観光ＶｉＳＡで入国する。婚姻届は日本の役所で済ませば良いと考え
　　ているケースが多い。しかし偽装結婚及びヤクザ等の介入により現在は非
　　常に厳しくなってきている。婚姻手続が出きなく観光ＶｉＳＡへのエッ
　　クステンションもできない、勿論同居ＶｉＳＡへの変更もできないでオー
　　バースティしている者もかなり多い。強制送還されると二度と日本へは来
　　られない場合もかなり多い。従って正式に婚姻届を日本総領事館へ提出し
　　同居ＶｉＳＡを発給して貰い入国後きちんと外国登録をするという正規の
　　方法をとるのが大切である。　　　結婚は一生の問題故。

日本国男性に対する国際結婚の条件

　フィリピン共和国イサベラ州サンチャゴ地区当局関係者との打ち合わせで、次の項目に該当する方は、国際結婚のお手伝いをさせて頂く事は出来ませんので予めご了承ください。

1. 精神異常者である。
2. アルコール中毒患者である。
3. 暴力団に関係している、または関係したことがある。
4. 現在無職である。
5. 大酒飲みである（自分自身がわからなくなるほど。）
6. 過去において前科がある（交通違反等は除く。）
7. 知能指数が相当低い。
8. 家庭が特に貧困である、又は多額の借金がある。
9. 肉親に精神異常者がいる。
10. 肉親にアルコール中毒患者がいる。
11. 肉親に暴力団に関係した者がいる。
12. 極度な身体障害者である。
13. 性病患者である。
14. 特に病弱である（過去に大病を患ったことがある。）
15. 酒を飲むと暴力を振う癖がある。
16. 勤務状態が特に悪い（仕事面で出勤状態ｅｔｃ）
17. 離婚歴が２回以上ある。
18. サディストである、又は変態性欲者である。
19. その他
    - 年齢が２５歳以下である。
    - 肉親と同居出来ない（慣れる迄の１～２年間も）
    - 性格的に特に短気である。
    - 第三者が見て難しいと判断された方。

　　　　　　　　　　　　　　　　　　　　　　　　以　上

（東祖谷山村国際友好協会）

国際結婚承諾書
INTERNATIONAL MARRIAGE ACCEPTANCE

私達は次の条項に基づき国際結婚をする事を承諾したのでサインする。
We hereby certify that we accepted international marriage as per following items.

1. この結婚は両家対等である事を前提とする。
   This marriage has to be equal status of both family.

2. 結婚式及びそれまでの準備にかかった総費用は、すべて夫となる男性側の負担とする。
   All the expenses of marriage ceremony or marriage preparation will be shouldered by the Japanese man.

3. 結婚するに当たり妻となる娘の養育費又は、それに準ずる費用等の請求は夫となる男性側にしない。
   Do not ask any expenses to the man which used for the daughter, educational fee, etc..

4. 結婚後の妻の生活必需品はすべて夫が負担する。
   All the wives expenses of after the marriage will be shouldered by the husband.

5. 結婚後、夫婦は日本に在住する。
   After marriage, husband and wife must live in Japan.

6. 妻となる娘の出産等で親が日本へ渡航する場合は、その費用の全額を夫婦が負担する。
   When the wives parents go to Japan because of giving birth etc., husband and wife will shoulder all their expenses.

7. 結婚後、夫婦は妻の実家への仕送りは一切しない。従って妻が働いて得た収入も夫婦のものとし、その一部も仕送りはしない。
   After marriage, husband and wife do not remmit any money to wives parent home, therefore, the income come from wife should be husband and wife property and do not send even part of that.

8. 夫は妻を心から愛し、生涯暴力は絶対振るわない。
   Husband loves wife heartily and never do an act of violence.

9. 夫婦は夫の両親と共に生活し、妻は夫の両親を心から尊敬すること。
   Husband and wife live together with husband's parents and respect them, heartily.

10. 夫婦は、お互いに協力し良き家庭をつくり子孫繁栄の為に最大限努力すること。
    Husband and wife help each other and have a good family and make effort for a descendant's prosperity.

(注) 婚約した後で双方共に健康診断を実施し、もし不都合な点が出て来た時は、無条件で婚約を解消する事が出来る。
After the engagement, husband and wife will take a medical examination and if there is any inconvenience, the engagement will be cancelled without any condition.

年　月　日
year　month　day

署名　　　日本人男性
Signature　Japanese man

　　　　　フィリピン女性
　　　　　Filipina

立会人　　女性の父
Witness　Father of Filipin

　　　　　女性の母
　　　　　Mother of Filipin

(東祖谷山村国際友好協会)

第4章　日本社会におけるフィリピン女性：固定観念を崩す

メアリー・アンジェリン・ダアノイ

Ⅰ．フィリピン女性に関する固定的イメージ

　この章では主に、日本人男性と結婚し長期滞在者となったフィリピン女性について、OPAだった女性たちと農村花嫁を中心に論じる。また、1960年代に日本男性と結婚し、日本で生活を続ける「草分けとなった妻」たちや、OPAではないフィリピン女性たちにも触れる。さらに、フィリピン女性に関する固定的なイメージを崩そうとする女性たち自身の活動についても検討する。

　日本におけるフィリピン女性に対する固定的なイメージとは何か。ひとつは「ジャパゆき」イメージである。第2章で論じられているように、「ジャパゆき」とは日本のパブやクラブなどエンターテイメント産業で働くフィリピン女性を指す。そうした女性は安っぽい、ずるがしこいホステス、はては売春婦と見られてしまう。なぜなら日本人は彼女たちが貧しい国から来ているので、お金のために何でもすると想定するからである。だが、現実には、彼女たちはクラブオーナーに命じられて、「同伴」をする、つまり、開店前に客とデートして、お店に連れて来るのである。また、オーナーから本当の年齢や未婚か既婚かを言わないようにも命じられている。

　他方、彼女たちには日本の男性を手玉にとる「したたか」というイメージもあるようだが、この場合、手玉にとられる男性が愚かで、手玉にとる女性が手ごわいという意味で、半分はほめ言葉なのかもしれない。しかし、人をだます、

信用できない女という印象は残る。

　そして、日本人男性と結婚して、妻、母親となった後も、フィリピン女性にある固定的なイメージはぬぐいがたい。また、「草分けとなった妻」(後述)、花嫁、および結婚業者、親戚、知人から日本人を紹介された女性など、エンターテイメント産業に関わらない女性もそうしたイメージを持って、見られることがある。

　もうひとつのイメージは「花嫁」、特に農村の従順な嫁というものである。フィリピンや他のアジア諸国から来る花嫁はおとなしい、聞き分けのよい嫁と見なされた(第3章参照)。1980年代半ばから、「嫁飢饉」に悩む農村にはフィリピン、ついで韓国、中国、ベトナム、スリランカなどから、お嫁さんが呼ばれるようになったが、「ジャパゆき」と対照的に、「花嫁」は「母親」としての役割において評価されていたのである。だがそれは、社会において性の対象とされ、見下された女性でもある「母親」としての評価である。そして、その評価の基準は、子どもを生むことができるかどうかであった。そうした基準に基づいて、各村、各自治体、さらに夫や親戚までが、女性が期待された義務・機能を果たすように、つまり、彼女らが出産し、農村の家父長的な家族制度を保てるように、圧力をかけることになる。そうして、子どもを生まないフィリピン女性は蔑まれた。

　このようにして、フィリピン女性は日本社会、家庭の中で、周縁的な位置に置かれる。そこから、ずるい女性エンターテイナー、従順な嫁という固定的なイメージが形成されてくる。こうした解釈は女性が男性の所有物であるという性観念、男性優位思想に依拠しており[Richardson 1993]、依然として日本社会にはこうした観念、思想が根強く残っているのである。

　ここ20年余り、日本におけるフィリピン女性について、「ジャパゆき」、「農村花嫁」イメージが支配的だった。しかし、フィリピン女性がずるがしこいとか、歓楽産業の犠牲者であるとか決めつけると、彼女らが周縁化された位置に置かれても見事に切り抜ける能力を持った主体であることが見えなくなる。また、そうした見方をすると、人間関係(例えば異文化間結婚)において、彼女らが心やさしい人間になりうることも否定されてしまう。さらに、フィリピン女性たちが配偶者、母親、長期滞在者として日本社会においてさまざまな役割を

果たし、貢献している点もわからなくなる。彼女たちは配偶者、母親として、家族を維持し、高齢化した舅、姑を嫁として介護している。農村男性と結婚し、過疎化の「救世主」ともなった。地域社会の諸行事にも参加し、パート労働者や専門職者として、地域社会や経済にも貢献してきたのである。

Ⅱ．フィリピーナ「ジャパゆき」エンターテイナー

1 3つの論点

　フィリピン女性が日本の興行産業で働くようになった要因は次のようなものである。

　日本の男性、女性に影響を及ぼした日本経済の構造変化。興行産業にフィリピン女性を招き寄せた日本の入管政策。そして、フィリピン側の事情としては、政府の経済政策と海外雇用方針、弱体な国家経済。さらに、広くマクロ経済要因として、フィリピン女性の海外労働を促進したグローバルな資本主義の拡大があげられる［Eviota 2000］。つまり、フィリピン経済は、先進工業国に対して周縁的な位置にあり、十分な雇用を生み出せないため、国民を海外へ送り出している。以下、主な3つの論点を分析していく。

①日本経済の構造変化

　「ジャパゆき」現象は個人の不遇の運命によるものではなく、戦後日本の経済成長、とりわけ1970年半ば以降の活況を通じ肥大した歓楽産業で人手不足が深刻化したという背景があった。日本の女性はパブやクラブの仕事は売春や望まないセックスを強制される危険があり、世間体も気になるという理由から、避ける傾向があった。また、パート労働の増加に伴い、女性が昼の時間帯に働く機会も増えていった。そこで、パブ、クラブ経営者は仕方なく、給与を上げ、夫を亡くした女性や離婚女性を引きつけようとさえした。第1章で述べたようなフィリピンにおける「買春観光」の「沈静化」、日本への出稼ぎ、という流れもあるものの、日本経済における事情も無視できない。

　こうして、80年代の半ばより、フィリピン女性の興行来日が増加したが、現

在に至っても、日本人の嫌がる、きつく、危険な仕事に彼女たちが従事している点は変わらない。現在でも、日本では日本人が就業を嫌う仕事にフィリピン人、中国人、日系ブラジル人・ペルー人、韓国人、タイ人などが就いている。

②メディア描写と偏見

　日本への出稼ぎフィリピン女性が増えた80年代半ば以降、「ジャパゆき」に関する報道、出版がフィリピン、日本で相次いだ。1991年にはマリクリス・シオソン事件も起こり、「ジャパゆき」は貧しく、絶望的な性的奴隷、またはずるい売春婦として、描かれてきた。メディアは全般的にこうした否定的なイメージを固定化してきた。また、エンターテイナーの勤めるパブ、クラブが暴力団と関係している場合もあり[1]、女性たちも犯罪集団、「社会のごみ」と関わっていると見なされることもあった[2]。

　まず、90年代から、フィリピンの商業映画では、彼女たちがセックスの対象で絶望的な「犠牲者」と決まりきった描かれ方が続出した。ルファ・グティエレス、アイコ・メレンデス(父親は日本人)、チンチン・グティエレスといった女優が「ジャパゆき」役を演じ、いくつか大ヒット作も生まれた。一連の映画は日本でエンターテイナーとして働く女性の苦悩と闘いも描いたが、全般的にはフィリピン人の間に「ジャパゆき」を見下す偏見を植え付けてしまったと言えよう。

　大衆に人気のあるタブロイド版新聞、漫画雑誌でも日本の興行産業で働くフィリピン女性の姿がしばしば描かれ、客を「接待」し、お金を稼ぐイメージが広がっていった。「Japayuki」という用語が新聞、雑誌、漫画、映画、テレビ、ラジオなどメディアで頻繁に使われた。職種を問わず、日本にいるフィリピン女性はひとくくりに「ジャパゆき」と呼ばれるようになった[ダアノイ 2000b：140]。

　日本でも、フィリピン女性を描く映画やテレビドラマは「ジャパゆき」を商

---

[1] 暴力団が経営する場合、トラブル処理と称して、月ごとに「プロテクション・マネー」を店から徴収する場合がある。
[2] 近年、香川県では日比夫婦が経営するパブも増えている。そうしたパブで働くフィリピン女性はフィリピン人ママがいるから安心、権利も保障されると感じることもある。しかし、フィリピン人ママもタレントをリクルートして、利潤を上げ、搾取する点は変わらない。

品として扱った。例えば、映画『あふれる熱い涙』（田代廣孝監督、1991年）、TVドラマ『愛という名のもとに』（フジテレビ系、1991年）、同『フィリッピーナを愛した男たち』などがある。

　一連の映画、ドラマで「ジャパゆき」役を演じたのがフィリピン人女優ルビー・モレノである。彼女は元々ダンサーとして来日し、日本の芸能プロダクションにスカウトされ、女優となった。モレノは手記でこう記す。「役として描かれるジャパゆきさんは、実際に日本に働きに来ているフィリピン女性の平均像というわけではなく、どこかクセのあるキャラクターが大半だった。それはドラマや映画を製作する人たちが、ジャパゆきさんに対して持っているイメージに由来するものでもあった」［モレノ 1999: 161］。さらに、「私たちはお金でどうにでもなる存在なのだろうか。日本人はフィリピン人をお金で好きなようにしたがっているのだろうか、という疑問も湧いてきた」と言う。そして、彼女は「なんで私はこんな日本に働きに来ているんだろうか」と自問し、「でも、私にはどうすることもできなかった。そう考える日本人が少ないことを願う」と言う。彼女自身、自分が演じたジャパゆき像に疑問を感じていたのである。彼女は自分の演じるフィリピン女性が実際に自分の知るフィリピン女性と異なることに気づいていた。しかし、仕事だから、彼女はそうした役を演じざるを得なかった。他の役につくことを望んでいたのに。所属プロダクションの社長もあちこちでこう言ったそうだ。「どうしてフィリピン人というと、ジャパゆきさんばかりなんですか。もっと違う役をルビーにください」。しかし、そんな役はほとんどなかった［同上書 162-163］。

　在日フィリピン人女性ネットワークは、こうした固定的なイメージを日本人による「覗き見」（フィリピン語でpaninilip）と呼んだ［*Pinay Ito*, Vol. 1, No. 3, June 1994］。つまり、日本人は増加してきた在日フィリピン女性に関して、「覗き見」により、目立った話のみを取り上げ、ドラマ化する。そして、移住労働の歴史的経緯や日常生活における構造的な束縛、つまり、言葉・文化の相違、社会的な差別［ダアノイ 2000a: 110-111］には関心を払おうとしない。

　「覗き見」という表現については、フィリピン女性たちによる次のような体験が背景にある。彼女たちは、近所の人や警察、入管に見張られたり、監視されることが少なくないのである。香川県内の丸亀、高松、綾歌、多度津、善通

寺に住むフィリピン女性(エンターテイナーとしての就労経験なし)にインタビューしても、警察、入管や近所の人に監視されたことがあるという。これらは在日フィリピン女性に対する日本人の不安、不信感の表れなのかもしれない。特に1990年代前半、東京、大阪、名古屋といった大都市ほどフィリピン女性が多くなかった四国では、彼女たちに対する住民の警戒心が強かったのかもしれない。だが、近年でも、香川県坂出市の市営住宅に住み、日系フィリピン人の恋人がいる日本人女性は地元の警察と自治体から、同じ住宅に住むフィリピン女性を見張るように頼まれたという。彼女によれば、フィリピン女性が集まると、来客者は何人か、男か女か、集まりがどのくらい続いたか、確認するように依頼されていたという[2004年2月インタビュー]。

とはいえ、フィリピン人を含め外国人の数が増える中で、大都市だけでなく地方でもフィリピン人の居住に対して、日本人は寛容になりつつあるように思われる。徐々に日本人の意識も変化しているのかもしれない。さらに、第6章で触れるように日本人の中には「覗き見」ではなく、フィリピン人と向き合い、真摯に交流しようとする人々も出てきた。

③国家の移民政策と対応

肥大した日本の歓楽産業、十分な雇用を生み出せないフィリピン経済、労働者を受け入れる国と送り出す国との間における経済格差が「ジャパゆき」を生み出してきた。フィリピンの海外雇用政策、日本の入管政策については第1章で論じられているが、元をたどれば、フィリピン女性がほぼエンターテイメント産業でしか働けないように入国を管理されたので「ジャパゆき」イメージが生まれたのである。

他方、フィリピン政府はフロア・コンテンプラション、サラ・バラバガン[3]といった海外出稼ぎ・家事労働者と比べると、「ジャパゆき」犠牲者に対して十分な配慮を払ってこなかったように思われる。たとえ性的な搾取の犠牲者となっても、「ジャパゆき」は「不道徳な」性の職業に就いている、自分に責任

---

[3] 1994年アラブ首長国連邦(UAE)で家事労働者として働いていたフィリピン女性、バラバガンは彼女を強姦しようとした雇用者を殺害。UAEで逮捕され、死刑となる可能性もあったが、フィリピン政府の嘆願により、鞭打ち刑に減刑、95年、釈放され、帰国した。

がある、と政府が想定しているように見受けられる。

　こんな話がある。結婚後 OPA として働き続けるフィリピン女性が夫から暴力を受けた。相談を受けた友人が在日フィリピン大使館と領事館に電話で連絡し、助けを求めたところ、こう言われたという。「我慢しなさい。エンターテイナーとして日本に来たのだから、どうなるかわかっていたでしょう。神に祈るしかない」。なんと「宗教的な」返答であったことか。

　確かに、フィリピンはカトリックが人口の85%を占めており、「道徳」観念が強い。ジャパゆきに関しては「性的産業」に従事し、ふしだら、こずるいというイメージがまとわりつく。他方、香港、シンガポール、中東における家事労働者は勤勉で「まっとうな」職業についていると見なされる。こうして、フィリピン政府は、海外雇用を奨励しながら、日本の興行就労は「非道徳的」、香港、他国における家事労働への就労は「上品」だという二重基準的な視点を持っているように思われる。

　フィリピン政府は在日フィリピン女性からの送金から恩恵を受けてきた。したがって、政府が女性 OPA の日本派遣を中止するとは考えにくい。2005年、人身売買という批判を受けて日本政府が興行による入国を制限しようとした際、フィリピン政府は女性の人権保護には賛同しながら、入国制限を先送りするよう働きかけた[4]。

2 「ジャパゆき」イメージに対するフィリピン女性の反応

　フィリピン女性たちが「ジャパゆき」イメージについて、どう感じているか、検証してみよう。

①「草分けとなった妻」

　80年代の花嫁現象に先立って、日本人男性と結婚したフィリピン女性たちがいる。バリエスカスによると、彼女たちは「草分けとなった妻たち（Pioneer wives）」であり、正確には日本大使館がフィリピン女性たちに興行ビザを発給

---

[4] 2005年2月、アルバート・ロムロ外務長官が来日して、町村外相に会い、制限の延期を要請した。それ以前から政府使節は何度も来日し、5年間の延期を求めていたと伝えられる。"Tokyo's new rules take effect in March," *Malaya*, February 5, 2005.

するようになった1981年より前に日本人と結婚した妻たちである[Ballescas 1998: 84]。彼女たちは80年代以前に日本に入国した、特定の集団と分類しうる最初のフィリピン女性であり、後のフィリピン女性の入国と比べると、穏やかな「波」(mild "wave")だった[ibid.]。60年代後半以降、出張や日系企業への勤務、留学、観光のためフィリピンを訪れた日本の男性が彼女らと知り合ったのである[ibid.][5]。彼女たちは中・上流階層出身で、学歴が高く、大企業に勤務し、評判の高い組織や大学に所属していた[6]。また、仲介業者が絡む後年の農村花嫁と比べると、結婚に商業主義的な性格は見られなかった。さらに農村花嫁やOPAほど、社会的現象としてマスコミで注目されなかった。

　また「草分けとなった妻」たちは出身階層が高いため、母国の家族に送金する必要がほとんどなく、就業するかしないか、選択ができた。相互扶助ネットワークもあり、欧米の白人、知識人、エリートとも交流していた[ibid.][7]。しかし、80年代以降、出稼ぎ女性が来日し、日本人がフィリピン女性に対して特定のイメージを持つと、「草分けとなった妻」たちを含むさまざまなフィリピン女性がひとくくりに見られるようになった。

　日本で差別経験がないと主張する「草分けとなった妻」も確かにいる[ibid.]。だが、そうした否定は彼女たちと後に出稼ぎで来日した女性たちとの間における階級、階層分断を示している。また、こうした否定は、「草分けとなった妻」が意識的(または無意識)に出稼ぎ女性、農村花嫁と自分とを引き離し、フィリピン、日本で確立した社会階層や階級的地位を保とうとする姿勢をも表している。フィリピン出身の移住者の中にも社会的な不平等があるのだ。

　他の国でも同様の姿勢が見られる。オーストラリアでも専門職に就いたフィリピン人移民の中には、「学歴が劣る」として母国の低所得層や農村出身の

---

[5] 太平洋戦争で途絶えた日比間の国交は1956(昭和31)年、回復した。以降、日本企業の進出も始まるが、本格化したのは70年代、特に72年、マルコス大統領による戒厳令発動以降である。日系企業については[Tsuda 1978]を見よ。

[6] 彼女たちの親が所属した組織としては、ロータリー・クラブやライオンズ・クラブ。学歴としては、セント・スカラスティカ・アカデミー、メリノール(現メリアム)大学、ラサール大学、アテネオ・デ・マニラ大学、フィリピン大学などがある。

[7] 戦前 Filipino Associatin of Yokohama や、Association of Filipinos in Japan for Mutual Assitance (在日フィリピン人相互会。1926年)が結成されていた[Yu-Jose 2002: 100]。戦後結成では1966年沖縄の FILCOMRI(Filipino Community in the Ryukyu Islands)、1972年関西の FILCAK(Filipino Community Association in Kansai)がある[Yu-Jose 2002: 120; 高畑 2003: 271]。

「メールオーダー・ブライド」と付き合わない人も見受けられる。香港でも、ミュージシャンや中国人と結婚したフィリピンの子どもたちはフィリピン人家事労働者とはほとんど交流がないと聞いた[8]。社会的地位が低いと一般に見なされる家事労働者のイメージは「先輩」移住者のよきイメージを損なうという心理が働いているのだろうか。

　このように、日本、オーストラリア、香港におけるフィリピン人移民から、階級分断が見てとれる。他方、日本社会や他の社会に対しては、フィリピン人は集団として団結を示そうとする。受け入れ国社会の多数者に対しては、同じ少数者として、望ましくない、不当なイメージを崩すという目標が優先され、階級・地位の問題は棚上げにされる。

②エンターテイナー以外のフィリピン女性
　「草分けとなった妻」以降の長期滞在者、例えば日本在住の親戚や友人に紹介された男性と結婚した女性、日本人と結婚した中流階層の女性、日本人と結婚していないが日本の企業や在日フィリピン企業で働く女性、フィリピン大使館や領事館で働く女性は、ジャパゆきという画一的イメージを好ましく思っていない。フィリピン女性を一律に性的、エロチックな対象として描くことはフェアではないという共通の意識がある。

　では、エンターテイナー以外のそうした女性たちは「ジャパゆき」に対してどのようなイメージを持っているのだろうか。それは次のようなものだろう。つまり、歓楽産業で働き、不道徳とまでいかなくても、「まっとうではない」職についている。また、職種よりも、見た目や態度でわかる。髪を黄色、金色、ギンギラに染め、派手な金の宝石を身に付ける。みんなの前で下品な言葉を使う。

　確かに出稼ぎ女性は、職種より、見た目で判断されることが多い。だから、歓楽産業で働かなくても、身なりや態度からジャパゆきと思われることもある。逆に、見た目が異なり、下品な言葉を使わない出稼ぎ女性はそう見られず、別のフィリピン女性から信頼され、敬意を集めることもある。

　いずれにせよ、エンターテイナーとして働いたことのない女性の多くが、ジ

---

[8] 2000年7〜8月、オーストラリア、香港における調査。[Da-anoy 2001; 2002]を参照。

ャパゆきイメージに関して、迷惑とまではいかなくても、不快に感じているのは確かである。だが、彼女らは率直なだけであり、出稼ぎ同胞を傲慢に批判しているわけではない。また彼女たちは受動的にそうしたイメージを受け入れることをよしとせず、多くが各地域で積極的に文化的活動を行ない、日本人にフィリピンの多様な側面を伝え、固定的なイメージを打ち崩そうとしている。

③元 OPA の女性

　長期滞在者や永住者になった元 OPA 女性の多くが、エンターテイナーは一時的な仕事で、職業として演じただけと答える。第2章Ⅲ.**3**「フィリピン女性の横顔」で記されているように、結婚後、夜パブで働く女性は少数派である。また、仕事が不道徳と答えた人はほとんどいなかった。

　例えば、アルマは何事も神の思し召しと受けとめる信心深い女性である。高松の桜町カトリック教会で月2回開かれる英語のミサに必ず出席する。そんな道徳深い彼女でさえ、ずるい女性もいないわけではないが、エンターテイナーを見下したりしないと言う。彼女自身、日本で OPA として働いたのは他の仕事がなかったからと語る。彼女は98年に結婚後、パブでの仕事をやめ、女の子を出産して、6年間専業主婦をつとめた。

　また、来日前サウジ・アラビアとクウェートで働いた経験のあるエスミーは言う。「仕事で必要なことだけした。ママさんに言われても、それ以上するかどうかは本人が決めればいい。サウジとクウェートじゃ家政婦だった。だから、掃除して、奉仕した。日本じゃエンターテイナー。だから、男の客をもてなした」。エスミーは91年 OPA として来日し、翌年、パブの客だった大久保さん（第2章・第5章）と結婚した。その後、男の子を出産。子どもが3歳になってから、保育所に預け、ビニール工場で働き始めた。

　エスミーは友人を含め、パブで働くフィリピン女性を冗談まじりに「夜のアスワン (mga aswang sa gabi)」と呼ぶ。アスワン (aswang) とはフィリピンの民間伝承に登場する魔女。昼はふつうの女の人だが、夜になると変身し、外に出て、誰かれとなく誘って食べてしまう。パブで働くフィリピン女性も夜出かけて客を魅了しようとするという意味でそんな表現を使ったようだ。

　他方、日本人の夫と離婚し、子どもを抱えたフィリピン女性はたくさん稼が

なくてはならず、夜の仕事はもっとも手っ取り早い手段となる。彼女らは本国に帰るより日本の方が経済的に有利だと考え、子どもと日本に残る場合が多い。現在、国際結婚における離婚では、日本籍を持つ子どもの親権を持つ外国籍者が滞在延長を入管に申し出れば、「日本人の親」という資格で滞在が認められる。これは1996年7月の法務省通達に基づく措置である［武田 2005：121］。そこで、離婚後、シングル・マザーとして、昼間、工場で働き、夜パブで働く女性もいる。

　1991年「タレント」として来日したバネッサ。店で知り合った男性と結婚し、夫は造船会社で働いていたものの、パチンコ好きで欠勤が続いた。夫婦には息子が2人生まれ、家計が厳しくなり、バネッサはスナックで働くようになった。夫は嫉妬し、「客と遊ぶのが好きなんやろ」と言い放った。バネッサは言い返した。「あなたがちゃんと働かないから、がんばってるのに」

　2人の間に溝が生まれ、夫は日本人の恋人をつくった。愛想を尽かしたバネッサは2人の息子をかかえて、離婚。母国へもどろうとも考えたが、両親は既に死去しており、頼れる先はなかった。それで日本にとどまることにした。バネッサは子どもを保育所と小学校に通わせ、昼間、鶏肉加工場で働き始めた。夕方、子どもとひと時過ごした後、夜スナックで働く。そして、今、息子は小学5年と6年に成長した。バネッサは言う。「夜働いていると、やさしくしてくれるお客さんもいて、気分がやわらぐわ。でも、私はもう若くてナイーブな『タレント』じゃない。甘い生活を約束されても簡単にはだまされないよ」

　結婚後もパブで働き続けるフィリピン女性もいる。1988年来日し、坂出市で「タレント」として働き、日本人と知り合って結婚したアナもそのひとりだ。彼女のパブ勤めは長く、2006年で18年目になった。アナの夫は結婚後脊椎を痛め、働かなくなった。彼女は生活費を稼がねばならず、パブ労働に戻った。休みをとったのは息子と娘の出産の時だけだった。夫の母も時に金銭的に援助してくれたが、アナが一家の大黒柱となった。だが、夫は体調が悪いと不機嫌になり、パブで働くアナをなじり、殴るようになった。子どもの親権が取れるか、日本で滞在を続けられるか、心配で、長らく離婚をためらったが、やがて彼女は息子と娘をつれて、夫の元を去った。今、子どもはともに高校生になり、彼女は昼は焼き鳥加工場、夜はパブで働く。「パブで働くにはもう年かな」と言

いつつ、店には素敵な「ボーイフレンド」も来るそうだ。アナは言う。「今、充実して楽しいよ。私、幸せもの」。彼女にとって、エンターテイメント産業は生活を支える糧そのものだった。

Ⅲ. 伝統的社会とフィリピン人花嫁

1 フィリピン人花嫁

　多くの社会において、嫁は個人的な人格より子どもを何人生むかという性的な有用性によって評価される伝統がある。結婚後、女性が演じる役割は妻、母親、義理の姉か妹、義理の娘という具合に男性との関係で論じられる。新しい役割、機能は親に対する娘、兄弟に対する姉か妹という以前の役割が拡大しただけである。

　嫁という概念、制度は日本の伝統と密接につながっているが、フィリピン花嫁は伝統的な村においても、自分の人生を模索していった。

　当初、フィリピン女性は花嫁として、家事、育児、親の世話・介護を期待された(第3章参照)。そして、アジアから来たフィリピン女性は日本人の「花嫁」になり切るはずと想定されたが、それは誤りだった。なぜなら、フィリピンの伝統的社会では結婚後女性たちは家庭の中に引きこもらなかったし[9]、現代社会でも同様だからである。

　こうして、フィリピンや他のアジアの女性は日本女性の代役を果たすことにはならなかった。日本女性でさえ、妻、嫁としての伝統的な役割を果たすのを嫌がり、農村を出ていき、昔ながらの家制度を脅かしていったのだから。そもそもフィリピン花嫁は家庭や農業部門で日本女性の代役を果たすつもりで来日したわけではない。四国で調べた範囲では、結婚生活への憧れだけではなく、生産労働に就いてよりよい生活をしたいという希望も強かった。彼女らは家に閉じ込められることを望んで来日したのではなかった。

---

[9] 農村部でも女性は生産的労働＝農業と再生産的労働＝家事・育児を担ってきた。16～19世紀末のスペイン統治期、カトリックの影響から、上流階級では女性の役割は家庭に限定される傾向が強かった。しかし、織物業に従事する既婚女性たちは家事・育児を担当しながらも、賃労働にも従事し続けた［エヴィオータ 2000］。現代フィリピン女性の地位に関しては第5章を参照。

いずれにせよ、80年代半ば、外国から来た農村花嫁は広く報道され、注目を浴びた。フィリピン人花嫁は都会の「ジャパゆき」という否定的なイメージと比べて、肯定的なイメージで描かれた。なぜなら、お嫁さんは性・娯楽産業への就労に来たのではなく、「従順な妻」になるために来日したと想定されたからである。

　一方、村では保守的な村人を説き伏せるために、国際化という建前、レトリックが使われた［Yamazaki 1998; *Mainichi Daily News*, Jan 23 and 25, 1990］。保守的な人々は外国人花嫁が村の伝統的な価値や信仰、ひいては家制度に脅威をもたらしかねないと心配した。また、アジア女性の人権を尊重する立場から反対する声もあった。それに対し国際結婚推進派は、現代社会では村も「国際化」し、外国人のお嫁さんを受け入れなければならないと唱えた。だが、実際は、外国人花嫁流入を取り巻く社会的状況は、農村が過疎化し、女性も流出し、伝統的な家族制度や結婚制度が危機に頻しているというものだった。そして、フィリピン人花嫁は江戸時代の妻が担っていた役割を果たすように期待された。家父長的な世帯を再生産し、守るという役割である。したがって、人格を持つ妻であっては困るとされた［Imai 1994］。

　今振り返ると、過疎化対策として日比結婚は必ずしも当初の目的を果たすことができなかった。元々、結婚や家制度を維持するためにお金によって人間という「商品」を買い付けるという行為自体に無理があった。そこには当事者の人間としてのさまざまな要求、主体性に対する配慮が欠けていた。すなわち、第3章最後に記されている村長の発言が象徴的だ。「村ぐるみで立派な日本人妻として育てたい」

　ただし、「商品化」という議論については次のような側面もある。つまり、フィリピン花嫁の特徴として、金目当てのまとめ役や結婚業者の存在による「商品化」を指摘する研究者もいる［Ballescas 1998: 85］。だが、フィリピン花嫁自身はその指摘が常に当てはまるわけではないと反論する。彼女たちは日本人パートナーを自分で選んでおり、彼女たちを選んだつもりの日本人を拒否することもできたと言う。徳島・東祖谷の花嫁は語る。「サンチャゴ市のホテルで日本人が大勢のフィリピーナからお嫁さんを選んでいた。でもその時、私も、どの男性だったらイエスでどの男性だったらノーか、考えていたの」。主体的

な選択だったというのである。

　いずれにせよ、国際結婚を提唱した人々は、フィリピン人花嫁によるさまざまな抵抗を予期しなかったし、見くびっていた。日常的な抵抗を通じ、彼女たちは境遇を変えていった。配偶者の親との同居を拒んだり、離婚したり、あるいは村を出たりして、彼女たちは自分たちが従順ではないことを明らかにしていった。村に残った女性も、伝統に従うことなく、自分なりの人生を模索していった。

2 村を出た花嫁

　「もう生活できないと思って、東祖谷を出た。10年住んだけど、私には合わないと思った。別居しようと私が言ったら、夫のひとしさんも賛成したわ。2人とも離婚はいやだった。お互い好きだという気持ちは残っていたけど、村の生活は窮屈だった」

　テレシータは1987年、四国・徳島に来たフィリピン人花嫁6人の1人である。故郷イサベラ州でお見合いのため女性が詰めかけたホテルで選ばれ、「幸運」だったと言う。期待に胸をふくらませ、モダンな日本を見たくてやってきた。だが、新郎と徳島に入るとだんだん道が細くなり、山深い過疎地域に入った時には、がっかりした。当時は期待と失望が入りまじっていたという。

　すぐ、縫製工場で働いた。だが、故郷でマニキュリスト、美容師だったテレシータには商売に向いた才能があり、フィリピン女性や日本女性の友人・知人のネットワークを活用して、化粧品を販売するようになった。持ち前の明るさとリーダーシップから、村役場、いろいろな組織の活動家、大学教員、新聞記者などたくさんの人と知り合った。彼女は日本語を勉強し、さまざまな社会運動に加わった。フィリピン女性が「従順な」嫁だとするならば、テレシータの「伝統に縛られない」振る舞いはどう説明できるだろうか。

　ただし、テレシータが他のフィリピン花嫁に劣らぬ苦労をしなかったわけではない。伝統的な規範、期待に基づき、高齢の舅や姑に仕えて、その世話をする。村の行事に参加する「よき妻」になる…。テレシータも10年間そうした努力をした。事実、現在も村に残る2人のフィリピン花嫁を除く4人の中では最

第4章　日本社会におけるフィリピン女性：固定観念を崩す　　　　　　　　　　95

広島交流集会に参加した頃のテレシータ（左）、デイジー（中央）、筆者

後まで村に残った。しかし、この2人と異なり、彼女は子どもを生まなかった。テレシータは言う。「村が私たちをフィリピンから呼んだのは子どもが欲しかったからでしょう。プレッシャーを感じた。それにひとしさんは長男だから、村から出るのを嫌がっていた」。彼はテレシータへの思いを持ちつづけたが、長男として家系を維持せねばという伝統に縛られてもいた。

　そして、何かとテレシータを支えてくれた姑が亡くなると、夫の親戚は露骨になった。親戚は夫婦に17歳の甥を養子に迎えるように求めてきた。家系を保つために、ほとんど付き合いのなかった17歳にもなる甥を養子に押し付けられるなんて、テレシータには受け入れ難いことだった。

　ついに、彼女は夫のもとを去ろうと決意し、親戚に、遺産相続には興味がない、独りにさせてほしいと伝えた。96年、彼女はまず池田町に移り、夜はパブで働き、昼は化粧品セールスを続けた。池田に移った初めの年、彼女は胃の手術を受け、夫も訪ねてきた。逆に、夫が肝臓の病気になると、彼女は祖谷を訪ね、看病した。この苦労を通じて、お互いの気持ちと愛情は確かめられたが、「村に骨を埋めたい」と考えるひとしは村に残った。やがて彼女は名古屋に引

っ越した。ネットワークを広げ、化粧品ディーラー、エージェントとして仕事に励み、日本で6番という販売額をあげて表彰された。

しかし、98年初頭、転機が訪れた。ひとしは肝臓の病気で寝込んだ。化粧品の代金を集めに祖谷に来たテレシータは看病をし、ほどなく、2人はいっしょに祖谷を出た。新天地・名古屋で彼女はしばらく夫の生活を支えたが、やがて彼はトラック運転手となった。伝統に従わず、財産だけでなく、長男としての義務も投げ捨てて、ひとしはテレシータと一緒に暮らす道を選んだのだ。

親戚との関係も良くなった。テレシータは誇らしげに思い出す。「ひとしさんの親戚が名古屋に訪ねてきた。膝をついて頭を下げて、謝ってくれた。私のことを誤解していたって」

3 村に残る花嫁

村に残った2人の女性のうち、ここではデイジーを紹介する。テレシータと対照的に、彼女は伝統に添いつつ、しかし伝統を超えて、母親、妻、義理の娘・妹として、村で暮らしてきた。

1987年デイジーはテレシータら5人とともに東祖谷に嫁いできた。2006年には結婚19年目を迎える。息子と娘を出産し、花嫁としてのいわば約束も果たし、「よき母」、「よき妻」、村の善良なメンバーになるという通過儀礼を済ましてきた。

しかし、デイジーは日本人が想像したような従順な女性ではなかった。結婚してすぐ、彼女は夫に言った。「1度でも手を上げたら、絶対に出て行くよ」。結婚生活で彼女はこの姿勢を貫いた。そして、他の女性同様、彼女も働くことを望み、縫製工場に勤めた。また、山村生活で自由に動き回れるように、運転免許を取った。だが、やがて、夫と別れたり、死別したりして、イサベラからともに嫁いできた女性たちが村を出ていく。テレシータのように都会に移った女性もいる。デイジーは言う。「都会に住んでも、近所の人と仲良くないと寂しいでしょ。旦那さんと仲良くないと悲しいでしょ。どこに住むかより、どうやって生きるかが大事だと思います」

縫製工場が閉鎖されると、仕事をやめざるを得なくなった。だが、98年、家の近くに老人介護施設が開設されると、専任職員として応募。幸い、常勤とし

て採用された。いっそう日本語を勉強して、介護士として研修も3ヵ月受けた。介護職についたが、業務の指示が日本語で記され、日誌も日本語でつけなければならない。頑張り屋のデイジーは日本語も達者だったが、そこまでマスターするのは厳しかった。そこで、配属を食事調理に変えてもらった。入所する高齢者は80人いて、調理も大変な仕事だが、彼女は言う。「私はガイジンだけど、ここで働いています。他のガイジン——フィリピン人の友達も応募したけど、採用されんかった。おばあちゃんから日本料理を習っといてよかった」

2006年4月には長男は高校3年、長女は中学1年になる。夫が病気で仕事を休みがちなので、彼女が一家を養う。フィリピンでは、家の柱（ハリギ・ナン・タハナン haligi ng tahanan）、家の光（イラウ・ナン・タハナン ilaw ng tahanan）という表現がある。柱は家計を支える人、光は家を明るく照らす人という意味で、柱が男性、光が女性を指すことが多い。家族が成り立つには柱と光の両方が欠かせないという意味だ[10]。デイジーも夫によく言ったものだ。「あなたが柱なら、私は光。柱があっても光がないと家は暗くなってしまう」。

村に残るもう1人の女性ポリーにも子どもが2人おり、彼女は隣村の温泉旅館で働いている。こうして、働きながら村に残る2人の花嫁は、家の光のみならず、柱としても、家族を支えてきた。

4 他のフィリピン花嫁の苦闘

東祖谷に来た他の4人、三好郡三好町に来た2人のフィリピン人花嫁も、嫁として、さまざまな道を歩んできた。91年から93年にかけて、東祖谷の女性2人と三好郡三好町の女性2人が離婚した。フィリピンに帰国した女性もいるが、日本で再婚し、より理解のある伴侶を得て、幸せな生活を送っている女性もいる。

例えば、三好町の女性は夫に暴力を振るわれて離婚し、数年後、別の日本人と再婚した。夫が労災で亡くなった後、子どもを連れて、東祖谷から横浜に去った女性もいる。フィリピンに帰国する選択もあったが、彼女たちは故郷における就業機会が少ないことを知っているので、日本にとどまることにしたのだ

---

[10] ただし、近年、女性が海外に出稼ぎに出て、家計を支え、家の柱となり、フィリピンに残った夫が家の光として、家事・育児を担当するパターンも増えた［Añonuevo and Estopace 2002］。

ろう。従順な農村花嫁であれという期待に従うことなく、彼女らは村を出て他の町や都市に移り、自分の道を歩んでいった。

Ⅳ.「ジャパゆき」「花嫁」イメージに対する抵抗

在日フィリピン女性が「ジャパゆき」、「農村花嫁」という固定したイメージを崩すのは生やさしくはない。偏ったイメージを痛感するため、彼女たちは個人、集団として、そうしたイメージを打ち破り、あるいは、イメージを変えようとしてきた。

1 抗議活動

1992年、テレビドラマ『フィリッピーナを愛した男たち』に対して、在日フィリピン女性はフィリピン女性・社会が偏って描かれているとして抗議した。(第3章参照)。抗議に加わったフィリピン女性は元 OPA、徳島の「農村花嫁」、社会運動家、留学生、教員や英会話教師などだった。

また、94年1月には香川、徳島、広島のフィリピン女性がフィリピン人元「従軍慰安婦」犠牲者を支援した[11]。そして、フィリピン女性たちは各地の日本人支援者と協力して、マニラから元「慰安婦」のロシータ・ナシノ、「フィリピン人元『従軍慰安婦』調査委員会」代表のネリア・サンチョを招待したのである[12]。2人は香川県善通寺市、愛媛県松山市、広島県広島市で講演し、各地のフィリピン女性は「慰安婦」に対する日本政府による謝罪・補償を求めるキャンペーンに参加した[13]。在日フィリピン女性たちは日本でアジア女性として疎外、差別されてきた体験と重ね合わせて「慰安婦」問題をとらえた。母国

---

[11] 太平洋戦争中、日本軍は兵隊、将校の性欲の処理、性病予防を主な目的として、「慰安所」を設けた。慰安所で兵隊、将校の相手をさせられた女性の多くは朝鮮、中国、フィリピン、インドネシア、マレーシアなどから、強制連行された。彼女らは「慰安婦」と呼ばれたが、実態は戦時強姦である。フィリピンについては被害女性による手記[ヘンソン 1995]がある。
[12] ナシノの体験は、[伊藤 1993: 189]に紹介されている。
[13]「被害補償に理解を——フィリピン元従軍慰安婦 市民に体験訴え 善通寺」[『四国新聞』1994年1月16日]。「集団提訴に支援を——フィリピン元従軍慰安婦 四国学院大で講演」[『朝日新聞』、1994年1月15日]など。

を離れたフィリピン女性たちは、「慰安婦」の被害体験を聞いて、民族が歴史的に受けた受難や侵略を思い出し、フィリピン人としての意識がよみがえった。この活動は、在日フィリピン女性が母国に対する日本の戦争責任を取り上げ、被害者に対する補償・謝罪を求めた点で特筆される。

94年秋、フィリピン人女性たちは日本の市民運動からの呼びかけに応じて、地方議会による「日本人戦没者に対する追悼決議」に対して署名を集め、抗議した。戦後50年を迎えたこの年の10月から95年9月にかけて、太平洋戦争における日本人戦没者を追悼する決議が26の県議会、80〜90の市町村議会でなされた［侵略戦争賛美決議に反対する全国ネットワーク共同編集部編 1995：5］。だが、日本軍によって殺され、被害を受けた1000万人以上に及ぶアジアの人々をなぜ弔い補償しないのか、また、戦争を美化する決議は戦死した日本人も望まないのではないか、という趣旨に基づき、全国的に反対運動が盛り上がった。香川県善通寺市、丸亀市、徳島の東祖谷、広島のフィリピン女性も、日本人ともに、愛媛県議会における決議案撤回を求める署名運動に加わった。さらに善通寺や広島の在日フィリピン女性ネットワークのメンバーは、日本人や韓国人女性に同行して愛媛県議会を訪れ、決議撤回を訴えた［『南海日日新聞』1994年11月24日］。

テレビドラマに対する抗議運動はフィリピン女性・社会に対する描写に関するものであり、慰安婦、戦没者決議案に対する活動は日本の戦争責任に関するものであった。こうした運動はメディアでも報道され、「ジャパゆき」「花嫁」だけでなく、多様なフィリピン女性が日本にいること、また彼女たちがフィリピン人としての意識に基づいて行動する主体でもあることを示した。

2 文化的表現と教育

在日フィリピン女性は個人やグループとして、地域社会でフィリピン文化を紹介している。自治体や自分の子どもが通う学校や保育所の企画で呼ばれることが多い。彼女たちはそうした機会を通じてフィリピンに関する固定化したイメージを崩そうと努力している。

中でも、バンブーダンスは民族文化を代表する踊りとして披露される。たわいのない踊りかもしれないが、フィリピンと日本との文化的距離を埋める上で、重要な役割を果たしうる。在日フィリピン人ネットワークも地域で母国の文化

を紹介する際、この踊りを披露し、性的な対象ではなく、特色ある文化を受け継ぐという新しい女性像を示そうとしている。愛知県でも名古屋市大曽根や栄地区で地元商店街や行政が主催する祭りにフィリピン人たちが参加している。バンブーダンスやパナイ島の踊りアティアティハン(身体を黒く塗り、派手な装飾品を身につけ、パレードする)を披露し、地域の人々と交流を深めている。

さらに、女性たちは学校、保育所、大学、市民講座、自宅での集まりなど、さまざまな機会を通じて、フィリピン文化、社会、政治について、講演や話をする。こうして、女性たちは日本への移住労働、フィリピン社会・文化について、日本人に理解を求めている。

③ 情愛の深い女性たち

パブで知り合ったということで、OPA 女性と日本人との結婚は遊び相手との結婚だろう、長続きしないのではと日本人が見なすことがある。また、女性たちは日本に出稼ぎに来たから、結婚も金目当てなのだろうと勘ぐる人もいる(そうした親戚の反応は第5章参照)。しかし、日本人の夫と愛情に基づく関係を築き、相手を思う気持ちがある限り、苦労しても結婚生活を保とうとする女性たちもいる。インタビューに応じたフィリピン女性たちも、配偶者に対する気持ち、愛情が結婚の基本だと言う。国際結婚は難しいと見なされがちだが、彼女たちは結婚生活がうまくいくように、努力と愛情を注ぐ。例えば、夫が失業したり、病気にかかると、彼女らは夫を見捨てることなく、家族と夫を支える。彼女らの生きかたは、フィリピン女性たちがずるがしこく、金目当てで結婚するという見方が間違っており、情愛の深い主体だということを示している。

例えば、東祖谷のデイジーは病気がちの夫をかかえるが、夫と子どもを支えると語っている。エスミーも夫が脳腫瘍の手術を受けてから、ビニール工場で働くようになった。仕事の量が減った夫の収入を補い、幼い息子と家族を支えるためだった。

ロエも同様だ。ロエはミンダナオ出身。マニラのフィリピン料理店でウェイトレスをしていた時、同地の日本料理店で板前職についていた日本人男性と知り合い、1988年に結婚した。香川県善通寺市に移り、2人の娘をさずかった後、神戸に移ったが、2001年、夫が脊髄のガンに侵され、不治であることがわかっ

た。ロエは豆腐屋で働き、2人の娘と夫を支える。経済的にも精神的にも厳しいロエだが、こう言っている。「わたし、夫を最後まで面倒みるわ」

【佐竹眞明訳】

第5章　異文化間結婚と日本男性

佐竹眞明

　この章では、日比異文化間結婚について、日本男性を中心に、周囲の反応、結婚後の適応・変化、夫婦関係とジェンダー、定年後の計画などを取り上げる。男性側に焦点を当てるのは第4章、第6章と対比させるためである。

Ⅰ．周囲の反応

　日本の男性がフィリピン人と結婚する。これに対して、親・親戚や職場がどのような反応をするか。まず、熊本出身・香川在住コンサル会社勤務の蓑田さん（52歳）が結婚前を振り返る。彼は1998年、熊本でOPAとして働いていたアルマさん（レイテ出身。38歳）と結婚した。彼が23歳の時、父が他界し、結婚前は母と5歳下の妹と暮らしていた。

　「母は強く言いませんでしたが、私の妹が大反対でした。母の兄が裕福で、財産を持っていました。それで親戚が財産を取られるのではないかと心配し、反対だったんです。人種差別ですね。フィリピン女性は日本に出稼ぎに来て、お金を稼いでいる。親戚がそうした女性に偏見を持っていました」

　前章でも検討した出稼ぎ女性に対する偏見が親戚の反対を招いた。「でも、私は自分のことは自分で決めました。レイテで結婚式を挙げましたが、熊本では、親戚を招待しての結婚式は行ないませんでした。親戚の中には、彼女を家に連れてこないようにさえ言う人もいました。それで、職場で歓迎式、焼肉パ

ーティを開きました」。連れてこないように言う親戚。蓑田さん、そして、アルマさんもつらい思いをしただろう。だが、99年、女の子が生まれた。「でも、子どもができて、連れていったら、ある程度、収まりました。母は子どもができる前に亡くなり、孫を見せることができず、残念でした」。子どもができたので、「夫婦」として、認められたということなのだろうか。では、子どもができなかったらどうか。ただし、夫婦と付き合いを始める親戚が出てきたということは前進ではある。

　職場の反応でも否定的な場合がある。「親は反対しませんでした。婚期が遅かったので、親は安心したのでは」と語る高松市の小学校教諭・宮脇誠さん（45歳）。94年、31歳でマニラ・パンダカン出身の女性と結婚した。しかし、結婚前、宮脇さんが同僚3人に相談したら、フィリピン人との結婚はやめておけと言われた。同和教育や障害児教育も担当してきた彼はこう言う。「人を差別する気持ちは自分にはないと思っていました。でも、本当は差別心があったと感じます。多くの日本人も同じなのではないでしょうか。だから、同僚はフィリピン人と結婚しないようにと言ったと思います」。子どもに差別はいけないと説く同僚教員でもこうしたアドバイスを提供する。

　さらに厳しい事例をホームページ「千葉県奥様はフィリピーナクラブ」で見かけた。このHPは「在日フィリピン人のイメージ向上を目的に運営」されており、フィリピン女性を妻とする日本人男性の文章が掲載されている[1]。HP管理者"jungle"が綴る「日比カップルへ捧ぐ」という文書に「5．結婚!?職場からの迫害」というくだりがある。福祉関係の職場に勤める彼は、フィリピン人と結婚するというだけで、上司から連日のように罵倒され、もっと上の上司からは国際結婚して海外に行くことが多くなると上のポストは望めないと言われたそうだ。めげずにフィリピンで結婚式を挙げて、職場に戻った際、職員40人分のドライマンゴー、キーホルダー、タバコのセットを配った。すると、上司は「フィリピンは汚い国だろ、食べ物を土産に持ってくるなんて常識がない奴だ、持って帰れ」と皆の前で怒鳴った。差別をせず人の気持ちが理解でき

---

[1] このHPはこう呼びかけている。「日本人の"PHILIPPINES"に対する偏見は、依然根強いものがあります。私は、日比国際結婚家庭が、地域に根付いた幸せな生活を送ることで、そうした意識が払拭されれば良いなと考えています。あなたに出来ることは何ですか？　一緒に考えてみませんか」http://www13.plala.or.jp/okusama-salamat/

る人間性を要求される福祉業務に携わっている職場でさえ、こういう状況なのだ。フィリピンの社会や女性に対する固定的なイメージが日本社会には根強い。フィリピン女性だけでなく、女性と結婚する日本人男性もそうした予断や偏見にさらされる。このことを踏まえて、フィリピン女性との結婚について、立山正三さん(48ページ**表8**、27)は「生半可な気持ちで結婚したらあかん」と言う。

また、ここまで厳しい予断にさらされなくても、息子の結婚に関して親が戸惑う、驚くといった事例には事欠かない。例えば、琴平在住、ホテル・マネジャーの片野さん(42歳)は96年、34歳の時、25歳のフィリピン女性OPAと結婚した。彼も「親は最初、驚いた」と言う。さぬきうどん製造の林さん(48歳)も、91年当時、28歳のフィリピン女性と結婚する際、親は「最初はびっくりしたけれど、納得してくれた」と言う。95年、31歳で結婚した小学校教師のTさんも「親は本人を見て賛成してくれた」。戸惑う、驚くということ自体が親のフィリピン女性に対する「予断」を反映している。ただ、「本人を見て賛成」という発言が示すように、知り会って、偏見がほつれていくこともある。

そうした例をもう1つあげよう。神戸出身、高松在住の生協職員・横山泉さん(48歳)は96年に、スナックで働くミンダナオ島カガヤン・デ・オロ出身の女性と出会った。彼女は他の日本男性と結婚していたが、その男性は彼女の給料を店から前払いで半分取ってしまうなど、横暴だった。彼女は離婚を望んだが、男性は拒否していた。横山さんは彼女をある場所に逃がしたが、男は彼女を見つけ、「手切れ金」を要求してきた。横山さんはその金を払い、離婚が成立。そして、97年、横山さんは彼女と結婚した。そんな横山さんが自分の父について、こう言った。「父はアジア系外国人に偏見を持っており、悪口を言うこともありました。ですから、父がどんな反応をするか、気がかりでした。ですが、父に初めて会った時、彼女は『おとうさん』と言って、抱きつきました。父はどぎまぎしていました」

その後、横山夫妻には男の子と女の子が生まれ、今ではそれぞれ5歳、2歳となった。横山さんによると、「今、父は私の妻を自分の娘みたいにかわいがってくれます」。人は変わるものである。横山さんによれば、彼女は親戚づきあいもがんばっているそうで、そうしたひたむきさが、義父にも伝わったのかもしれない。

他方、36歳で結婚した綾上町の会社員・山田(50歳)さんの「親は喜んでくれた」そうだ。これは小学校教員・宮脇さんも同様だ。さらに、マニラの結婚式に親戚10人が出かけた例(田嶋さん＝後述)、フィリピンや日本での結婚式にフィリピンの民族衣装マリア・クララ[2]やバロン・タガログ[3]を着て出席した筆者の母・父の例もある。後二者の場合、親が結婚を暖かく歓迎した背景として、息子がフィリピンによく出かけており、結婚前、息子との話を通じて、親がフィリピンについて知識を持っており、偏見から免れていたこと、子どもがフィリピンについて知っているので親も安心していたこと、さらに、いずれ息子がフィリピン女性と結婚すると予想していたことなどが考えられる。

Ⅱ．結婚後の生活

1 言葉

　国際・異文化間結婚では、夫婦は言葉、文化[4]、環境[5]、家族形態を含め、いろいろな違いを体験する。

　フィリピン女性たちは、生まれ育った故郷や慣れ親しんだ環境を離れて来日する。フィリピン語や地方語、英語に囲まれた生活から、いきなり、漢字、ひらがな、カタカナの日本語の世界へ入るのだ。出稼ぎ経験があり、片言の日本語を話せる女性でも、細かなコミュニケーションは難しい。他方、日本の男性も苦労する。小学校教員の宮脇さんはこう思い出す。「細かいところが通じない。私は英語の単語はかなり言えるけど、聞き取りがよくわからない。フィリピン語は少ししかわからないし。妻も日本語が少ししかわからなかった。伝わらない時はあきらめていました」

---

[2] 肩に高いパッドを入れたワンピース。フィリピン女性の礼装。
[3] パイナップル繊維や麻の生地に刺繍を施した男性の礼服。
[4] 東祖谷を振り返り、テレシータさんは語る。「村のおばあちゃんが胸に十字を切りながら、こう言うんな。あんた、これかいな。あの宗教、あかんな」。なぜこう言われたかわからないと言う。カトリック信徒のテレシータさんにはショックだった。
[5] 年間の平均気温が26～27度という国から晩秋や冬の日本に来ると、適応が大変だ。サムイ、サムイを連発、慣れない厚手のセーターを着て、家の中で毛布にくるまる。東祖谷山村で17年目を迎えたデイジーさんも「場所には慣れたが、寒さに耐えるのがつらい」と言う。

第5章　異文化間結婚と日本男性　　　　　　107

　綾上町(香川県)の山田さん(50歳)も「正確な意味が伝わらないのが困った」。95年に結婚した高松の小学校教師Tさん(40歳)も「妻のタガログ語を十分に私が理解できないことで妻がストレスを感じていても、何もすることができなかった」と言う。

　また、日本語と英語、フィリピン語の表現の違いにも戸惑う。生協職員・横山泉さんは、例えば「キャベツ」が「カベツ」、「ミロ」(飲み物の名前)が「マイロ」、「ビニール袋」が「プラスティック・バッグ」などという妻の言い方に戸惑ったと言う。

　結婚して初めて日本に来た女性にとっては、もっと大変だった。英和、和英辞書を使いながらのコミュニケーションとなる。87年に結婚した東祖谷のデイジーさん(38歳)も「言葉がわからなかったので、夫と喧嘩が多かった。言いたいことが言えなかったので、ホームシックになった」と言う。86年に結婚した綾上町の農業兼会社員の岩見さん(47歳)は「いっしょに勉強した」と言うが、うるさがる夫もおり、そんな夫に対しては、「自分の子孫がほしいだけ？　私たちはいわゆる"お手伝いさん"ですか？」と女性たちは反発する[『読売新聞』1993年5月20日]。

　しかし、彼女たちは本やテレビを使って言葉を覚えていく。高松市や丸亀市の国際友好協会が開いている日本語クラスに通った女性もいる。さらに、善通寺や坂出の女性たちは善通寺市の教育委員会に要請して、市民会館で日本語クラスを開講してもらった[ダアノイ 2000a: 133]。東祖谷の女性たちには、四国学院大学の日本語教員養成課程の学生が日本語を教えた。そうして、3〜5年かけて、だいたいの用が足せるようになる。ただし、細かなニュアンスや漢字の習得などでは苦労が続く。女性たちの努力や思いは第6章でさらに紹介したい。

❷家族形態とフィリピンの親戚

　フィリピンにおける家族形態は一般に「拡大家族」であり、親、兄弟姉妹、親戚だけでなく、近所の人とも絆が深い。毎日顔を合わせ、家の修繕や農作業の手伝いをしたり、困った時は金銭的にも融通し合う。また、子供の洗礼、誕生パーティ、結婚式、葬式を通じて集まる機会も多い。

それと比べると、日本は核家族的傾向が強いように思われる。農村では舅、姑との同居もあるが、親戚、近所の人との絆の深さはフィリピンの方が濃密なのではないだろうか。筆者は97年8月から1年間、妻の故郷、ネグロスに滞在した際、そうした実感を持った。自衛官佐桑さん(42歳)も同じように指摘する。彼は香川でOPAとして働いていたミンダナオ、ジェネラルサントス出身のマハルさん(現在27歳)と2002年、結婚。息子さんは1歳を迎えた。ジェネラルサントスでは妻の実家に泊まった。「フィリピンは日本が戦後失っていったようなものを持っている。人を助ける気持ちとか、支えるようなところなどです」
　こうした核家族的日本と拡大家族的フィリピンとの違いはフィリピンの親戚とどう付き合うか、という点とも関係してくる。
　例えば、結婚後も、フィリピン女性と故郷にいる親や兄弟姉妹との間の絆は続く。001や0061をダイアルする国際電話は料金が高いので、女性たちは1000円で30分話せるテレフォン・カードを購入し、故郷へ電話する。また、国際宅配便を使い、大型ダンボールに衣類やクリスマスギフトを詰め込んで送る。テレカ、宅配便とも在日フィリピン人向けの販売ルートがある。
　さらに、親、兄弟への送金も盛んだ。収入の低い兄弟姉妹家族の家計を慮り、その子どもの学費を支える女性もいる。拡大家族的な関係が国境を越える。オーストラリア人男性とフィリピン女性との結婚を研究したソリアーノによると、幸運とは他の人と分かち合うと長続きすると、多くのフィリピン人が信じているという。そうした気持ちがフィリピン女性と家族、親戚その他との関係にも影響を及ぼしている。根底に流れているのは、仲間、同胞を意味するカプワkapwaという精神であり、自分にとってよいことは他の人にとってもよいことで、それを分かち合うべきだとする。したがって、結婚して異国に暮らすフィリピン女性が祖国へ仕送りできないのは、きわめてつらいことなのである[Soriano 1995: 114]。
　日本人の夫たちは送金について、どう感じているのか。「送金は当たり前のことだと思うが、電話やおみやげはやりすぎだと思ったことがある」「送金、電話、お土産を控えてほしい」という意見を寄せた人もいる。後者の男性の場合、夫婦で家をフィリピンに建ただけでなく、妻が故郷でビジネスをしている。また、夫はいっさい協力せず、妻が自分で稼いだ収入から送金するという

例もある。

　個人主義、核家族に慣れた日本人には拡大家族的なフィリピンの親族関係になじみにくいのかもしれない。

　佐桑さん(42歳)とコンサル会社員蓑田さん(52歳)との対話を紹介しよう。佐桑さんはフィリピンの人たちがお互いを助け合うのは評価しながら、戸惑うこともあると言う。

　佐桑：フィリピンで、みんなで海に行く。すると、いとこのいとこがついて来る。妻に聞くと名前は知らないという。親、兄弟の分はお金を出していいけど、名前を知らないいとこの分まで負担しなくてはならないのは、納得がいかないんです。

　蓑田：フィリピンでは、お金持っている人が払う。国際親善だと思ったらいいんですよ。

　国際親善、これは寛容の精神とも言い換えられる。筆者自身、フィリピンの親戚との関係ではどこまでサポートしたらいいのか、迷うことがある。肉親の病気や緊急に必要な時、生活が苦しい義弟や義妹の子どもの学費、その辺が一応の基準で、あとは臨機応変である。立山正三夫妻は妻の9人いる兄弟の一番下が大学を卒業するまで、サポートを続けた。この点、フィリピン女性と結婚して18年、『奥様はフィリピーナ』を著した今藤元さんは「仕送りの問題はお金の問題というより、むしろ心の問題である」と記している[今藤 2004: 119]。私のアンケートでも、送金について、「あたりまえ。あまりしていないので、もっとしてもいいと思う」と言う男性もおり、フィリピンの親戚に対する暖かい思いが感じられた。

　他方、こうした親戚の絆がフィリピン人の妻や日本人の夫を助ける場合もある。例えば妻が出産する際、フィリピンからお母さんや妹に来てもらう時だ。

　小学校教師・宮脇さんは語る。「最初の出産ではお母さんとお父さん、2人目では、ビザが間に合わず、出産後にお母さん、3人目はお母さんとお姉さん、4人目はお母さんと妹に来てもらいました。いずれも帝王切開だったので、付き添ってもらいました」

　異国で妊娠、出産を迎える妻にとって、肉親の付き添いは心強い。仕事に追

われる夫にとっても、家事、育児を手伝ってくれるフィリピンの身寄りはありがたい。筆者も長女の時はネグロスの妹、次女の時は義母(ナナイ)に来てもらい、3ヵ月滞在してもらった。出産時ではないが、東祖谷のデイジーさんも実母に2回来てもらった。

また、親戚との絆と言えば、夫が妻とともにフィリピンの実家に滞在すると、親戚に優しくしてもらえることもある。デイジーさんがこう語った。「お父さんと息子といっしょにイサベラの故郷に帰ったら、お父さん、親戚に親切にしてもらった。それから、お父さんはフィリピンが好きになった。私にもやさしくなり、娘が生まれた時、仕事を1ヵ月休み、家のことをしてくれた」

Ⅲ. 日本人の夫：生活世界・視野の広がり

1 異文化体験

丸亀市でフィリピン・パブを経営する51歳の男性は日本語しか話せない。フィリピンに行っても、日本語のわかるフィリピン人リクルーターが迎えに来るし、妻も日本語がわかる。食べ物が合わないことがあり、「1ヵ月おると死にそうになる」と言う。フィリピン女性と再婚し、2人の子どもを授かりつつも、フィリピン文化を評価しないという態度である。

一方では、アンケート調査でも、妻のよいところは「明るい」「陽気」「明るく、やさしい」ことだという男性が複数いた(宮脇、林、山田、横山)。ただし、男性たちが異口同音に言う。

「『暖かい気候だからフィリピン女性は開放的で明るい』という言い方は単純すぎるかもしれない」

そこで、フィリピンにおける価値観を探ってみると、万事を尽くしてあとは神の思し召し次第という「バハラ・ナ」Bahala na! という表現がある。土着の神「バトハラ」に任せるというのが語源である。フィリピン大学心理学研究者・故ビルヒリオ・エンリケスによれば、「バハラ・ナ」は「もうしようがない」という宿命主義的な意味で、自暴自棄とも解釈されることもあるが、いかなる結末をも受け入れる勇気と力強さをも示すという[Enriquez 1992: 72-77]。

つまり、「やるだけやった。あとは神に任せる」という決断である。こうした前向きでポジティブな姿勢も彼女たちの「明るさ」を支えているのではなかろうか。

いずれにせよ、フィリピン女性と結婚した家の中の雰囲気は明るい。彼女たちは「家の光」として、家庭を照らしてくれる。山形・大蔵村の男性もフィリピン女性と結婚して、「なんか家の中が明るくなったというか…」と感想を漏らしていた［ドキュメンタリー『媒酌人』］。

こうした明るさと友達づきあいの広さがあるので、フィリピン女性との結婚で男性も新しい体験をする。例えば、フィリピン・パブに通い、日本人の妻と離婚、99年、パブで働いていたビコール出身のハンナさん(32歳)と49歳で再婚した塗装業の田淵さん。ずんぐりした体躯で、ジョーク好き、ニックネームは「タタイ」(フィリピン語で「お父さん」の意味)である。ハンナさんが身重となった2000年1月、「タタイ」の家で、彼の誕生パーティが開かれた。友達のフィリピン人女性、日本人の夫、そして、子どもたちが大勢集まった。田淵さんはこう挨拶した。「フィリピン人と結婚して、よかったわ。50になって、生まれて初めて誕生パーティー開いてもろうた」

また、前に紹介した生協職員の横山泉さん(48歳)は結婚後、クリスチャンとして、洗礼を受けた。そして、今、高松の栗林公園に程近いカトリック・桜町教会で月に2回開かれる日曜ミサで楽団の一員として、ギターを弾く。他の楽団員はすべてフィリピン人である。教会役員の妻も5歳の男の子、2歳の女の子とともにミサに参列する。出席者のほとんどはフィリピン人だ。横山さんはフィリピン人中心のキリスト教コミュニティに受け入れられた。

「最初、フィリピンの友達に溶け込めませんでした。でも、カラオケで英語の歌を歌うようになったんです。メロディで歌うので、発音とか気にしなくていい。そうすると、通じるんです。こっちもいい気分になる。友達になるきっかけになりました。外人の友達が増え、日常とは異なる時間が持てるようになりました」

時間に追われる仕事から離れ、別世界の体験ができるようになったと言う。

「日本だと友達の誕生日知らないでしょう。フィリピンの人はよく知っています。息子の2歳の誕生日、マンションに50人は集まりました。玄関に入ると、

立っている人がいっぱい。知らない名前の人もいましたよ。フィリピン人だけでなく、ケニア、モロッコ、中国、韓国の人も来ました。そして、主役の息子と私は外にいたりする(笑)」

さらに、アジアやフィリピンの文化が好きになり、のめりこんだ男性がいる。香川県宇多津町でエスニック料理店「ビア・ホイ」を経営する福田洋平さん(38歳)。東京の大学に在学中、アメリカ、インドを旅行し、卒業後も東京でアルバイトを続け、インドネシア、フィリピン、韓国を旅行した。「最初、アメリカに行ったけれど、白人は日本人を含め、アジア人を見下している感じがした。それから、アジアを回ったら、なじみやすかった」

96年、故郷の香川に戻り、居酒屋で働き始めた。ある時、丸亀のパブに行き、働いていたキャサリンさんと知り合った。親元を離れて働く彼女がさびしくないかなと思い、デートに誘った。6ヵ月間の労働契約が終わった彼女が帰国すると、彼はマニラへ追いかけ、彼女の両親に会って結婚を了解してもらった。その時の印象はこうだった。

「彼女の実家では、兄弟の子どもと近所の子がいっしょに家の中にいて、どの子が親戚でどの子が近所の子か区別がつかなかった。テレビ見て、いっしょにご飯食べちゃう。分け隔てしない。そういうの好きですよ」

彼は近所の子どもを包み込む拡大家族的慣習をほほえましく思った。

さらに98年、彼は善通寺市のカトリック教会で、洗礼を受けた。99年、キャサリンさんが赤ちゃんを身ごもると、福田さんは筆者にこう言った。

「お子さんたちをずっと日本で育てるつもりですか。僕は子どもができたら、フィリピンの小学校に通わせたい。日本の学校は校則もうるさいし、子どものいじめも陰険だし」

フィリピンにも学校のルールはあり、また、いじめが皆無とは言えない。しかし、受験競争と学級崩壊の中で構造的に子どもがやさしさを失わされるようなことはない。彼は比較を通じて、日本社会のゆがみに気づいた。あるいは、人間関係におけるフィリピンの「豊かさ」に気づいたのかもしれない。

2000年、夫婦に女の子が生まれ、2003年10月、福田さんが経営する「ビア・ホイ」で、3歳の誕生会が開かれた。何組も日比夫婦家族が招かれた。入口ののれんには Beer na Beer(サンミゲル・ビールのライバル製品)と書かれ、店内も

フィリピン語やタイ語のポスター、インテリアでいっぱい。福田さん自慢のアドボやエスカベッチェ(揚げ魚の甘酢あんかけ)が食卓に並んだ。キャサリンさんと「異文化間結婚」した福田さんは、自分の店に多文化空間を築き上げていた。

2 多文化共生の視点

　横山泉さんや福田さんの例に見るように、「国際結婚」を通じて、男性は「異文化空間」を体験している。そうした経験はしばしば他の日比夫婦や友人を伴い、地域社会における「異文化空間」も広がっているとも言える。さらに、異文化体験・交流を通して男性の視野が広がり、平等や公正といった「多文化共生」的な視点も生まれつつある。

　「多文化共生」とは日本社会で外国籍者が増えてきた中で、重要になってきた考え方であり、次のようにまとめることができよう。「異なった文化的背景を持つ人々がお互いの文化的差異を尊重しながら、平等で公正な関係を築き、ともに生きていくこと」。民族的少数者の文化を尊重し、その権利を保障することが大きな柱となる。例えば在日外国人問題に取り組んできた弁護士・丹羽雅雄は医療福祉での国籍や在留資格を問わない非差別・平等保障、マイノリティの子どもへの民族的アイデンティティの保障、外国籍市民の公務員就任、地方参政権の保障などが必要と述べる。「『多文化・多民族共生社会』はマイノリティの人権保障と、異なるものを認め合うという『異なるものへの権利保障』が重要な環となります」[丹羽 1998: 73]。

　理念・政策としては、オーストラリアの多文化主義、カナダの多元主義が参考になる。例えば、オーストラリアの多文化主義は憲法など法律の遵守、共通語の利用、男女、民族平等が原則である。基本的な考えとしては、民族・文化的多様性が文化、社会、経済を生き生きとさせ、豊かにしていくという発想である。移民や外国人労働者受け入れでは日本は「後発国」「後進国」であり、また、人口に占める割合も異なるので、安易には多文化主義的な政策や方針を日本に適応はできまい。しかし、多文化主義が目指す平等・公正という理念や

---

　6 2003年、日本の総人口に占める外国人登録者の割合は1.5％。オーストラリアでは総人口の43％が外国生まれか、親の一方が外国生まれである。同国の多文化主義については[Satake 2002a, 2002b; 杉本 2000; Castles and Zappala 2000]。

多様性が社会を豊かにするという視点には見習う部分が大きい[6]。
　ただし、日本語の表現として、「多文化主義」と言うと、多くの文化の単なる並存とも解釈されかねない。したがって、人権の尊重、社会的公正という意味を明示すべく、「共生」という語を加えたい。ただし、「共生」といっても、地理・物理的に同一社会でともに生き、生活しても、差別、抑圧が続いては外国人居住者にとって、「平和」は存在しない。例えば、神奈川県国際交流協会の金迅野も神奈川県の保育園や中高で展開される「多文化共生」に向けた教育活動が在日コリアンに対する差別、いじめが続く地域で行なわれていると指摘する。「美しい『多文化共生』の実践の背後には必ず『多文化』の『共生』をはばむ壁との格闘があるはずです」[金 1998: 55]
　ここで言う「平和」とは、ノルウェーの平和研究者ヨハン・ガルトゥングの説く「積極的平和」という意味である。ガルトゥングは差別、抑圧、環境破壊などは社会経済的構造によって生まれるのであり、当該者に責任がないのに不条理な苦痛をもたらす「構造的暴力」だと指摘した。さらに、軍事行動による戦争がない状態は「消極的平和」であり、戦争がなくても、差別、抑圧、環境破壊といった構造的暴力は存続する。よって、そうした構造的暴力をなくすこと、つまり、積極的平和を築くことが平和研究の重要な使命の1つだと論じた[7]。
　こうした平和研究で言う「積極的平和」の発想を「多文化共生」に含めたい。差別・抑圧をなくし、外国籍者にとっても「平和」な社会を築く。それが「多文化」日本に求められている。
　異文化を受け入れ尊重する、また平等・公正な関係こそ大切という「多文化共生」の視点が「異文化間結婚」をした日本人男性にも生まれつつある。例えば、妻のフィリピン帰国に際し、日本への再入国手続きで苦労した綾上町の岩見さんは、「なぜ国境なんてあるのか。人間が自由に移動できる世界であればいいのに」と発言した。入管制度という国家政策に対する異議とも解釈できる。また、横山泉さんも最近のフィリピンからの看護師、介護士導入の動きに関して、こう指摘した。「これも日本で人手が足りなくなったからでしょう。本来

---

[7] ガルトゥング、平和研究については、[ガルトゥング 1991;岡本・横山 1999;岡本 2005]などを参照されたい。

ならば、フィリピン人の看護婦が東大病院の看護婦長になってもいいはずです。コープカガワでは日本人と結婚した中国人女性が採用され、惣菜部門の責任者になりました。平等に競争して、雇用される。これが大切です」

　民族的マイノリティとの共生においては平等こそが大事だという指摘である。多文化共生に関しては、フィリピン人配偶者が自分のキャリアを実現しにくいといった就労の問題も関連してくる(第3章・第6章参照)。また、夫が妻の言葉、子どもの教育をどう考えるかも関連してくる。例えば、妻が家庭で子どもにフィリピン語を使うことについて、「かまわないが、妻と子どもが日本語を覚えていく上では日本語でコミュニケーションをとるようにお願いしている」と答えた男性もいる。だが、より多くの男性は子どもがフィリピン語、英語も覚えてほしいので、「かまわない」とする。フィリピンに行った時、親戚とのコミュニケーションをとるのに役立つと答えた男性もいた。横山泉さんも「家では英語、日本語、フィリピン語混在で、子どもたちもすべての言葉に習熟して欲しい、国際人として、育ってほしい」と述べている。さらに、「妻がフィリピン人の友人と話している時に会話に入れない」、「子どもたちの方がフィリピン語を理解している」、「フィリピンに行った時に親戚と話をしたい」という理由で、フィリピン語を学びたいという夫たちも多い。

　このように、多くの日本人男性に、妻の母語使用、子どもの言葉の学習、そして自身の学習意欲を見ると、多文化を受け入れ、尊重する姿勢が感じられる。「民族的マイノリティ」が自らの文化を保持し、かつ、日本社会が異文化を受け入れ、尊重できるか、家庭レベルでも検討すべきだろう。

　また、外国人向けの日本語教育だけでなく、フィリピン語を含め、日本人配偶者向けの外国語教育を行政機関がもっと提供していい。それも「多文化共生」社会をつくり、外国籍者を含む「積極的平和」を実現する一助となるはずだ。

Ⅳ. 夫婦関係とジェンダー

　異文化間結婚によって、夫婦の意識や生き方はいろいろと変わってくる。こ

こでは男性の変化について、主にジェンダー関係から、考えてみたい。フィリピン女性側、日本人男性側の要因に分けて、論じてみたい[8]。

■1 フィリピン女性側の要因
①家族志向

　フィリピン女性を研究したタンカンコによると、フィリピン女性にとって最も重要な価値観は家族だという[Tancangco 1996: 184]。女性の価値観として、個人よりも家族を中心に考えるとも言われる[Aguilar 1998: 131]。今藤元氏も「大抵のフィリピン女性は『家族第一主義』をすばらしいことだと思っている」と指摘する[今藤 2004: 171]。こうした姿勢はフィリピン女性と結婚した夫にも影響を与える。ダバオ出身の女性と結婚し、7歳の娘さんがいるホテル・マネジャー・片野さんも「家事・育児に熱心になった」と言う。11歳の娘さんと7歳の息子さんのいる綾上町の会社員・山田さんも同様に答えた。彼は特にフィリピン女性は家族思いだとも指摘している。7歳、5歳、の娘さんを持つ小学校教師Tさんもフィリピン女性と結婚して、家族を大切にするようになったと言う。8歳、2歳、0歳の娘さん、7歳の息子さんを持つ小学校教師・宮脇さんもこう語る。

　「結婚して、生き方で何が大切か、価値観が変わった。例えば、家族を大事にする。日本人だと、仕事と地位とかを第一に考えますよね。または仕事、地位と家族のバランスをとるとか。けれど、妻にそういうことを言うと怒られます。土日に出勤したり、付き合いに出ると、『仕事と家族、どっちが大事なの』と聞いてきます。土日の付き合いは仕事だと言い続けているので、妻もある程度、事情がわかってきたみたいです。けれど、半分半分はいかんと言うんです」

②男女平等指向

　フィリピン女性が男性との平等な関係を求める傾向も無視できない。この点に関して、興味深い統計がある。日本と比べて、女性の職業上の地位や専門職者に占める比率はフィリピンの方が高いのである。すなわち、国連開発計画

---

[8] 以下、ジェンダーに関連する分析は拙稿[Satake 2004; 2008]と重なる部分がある。

(UNDP)は毎年 Human Development Report(人間開発報告)を通じて、各国の女性の経済・政治的な地位を測るジェンダー・エンパワーメント測定値(GEM＝Gender Empowerment Measurement)を発表している。『報告』2004年版によると、GEM ランキングではフィリピンは37位で、日本は38位である。2003年、女性の比率を見ると、国会議員はフィリピン17.2％、日本9.9％、地方議員、上級職員・管理職者ではフィリピン58％、日本10％、専門・技能職者はフィリピン62％、日本46％である。男性に対する女性の所得比率ではフィリピン0.59、日本0.46となっている[UNDP ホームページ]。寿命、成人識字率、就学率、1人当たり国内総生産 GDP で測る人間開発指標では日本は9位、フィリピンは83位と逆転するが、女性の経済・政治的な位置では日本は遅れをとっている[9]。

確かにフィリピンでは、低所得層の女性が中・上流家庭で家事労働者として働いており、階級的な格差が女性、男性の社会進出を支える。つまり、経済的に貧しい農漁山村や都市の貧困層の女性がメイドとして住み込みで働き、食事、掃除、洗濯、子どもの学校への送迎をしている。中上流家庭の既婚女性が企業、官庁、学校でバリバリ仕事ができるのもそうした家事労働者がいるからだとも言える。ただし、家事に関して、家事労働者に指示し、監督に当たる、時にいっしょに食事を作るのは女性である。また、子どもと遊ぶくらいで、家事をほとんどしないタイプの中上流の既婚男性について言えば、その仕事や生活もメイドや妻によって支えられている。こうした階級格差を含みつつ、あるいは階級格差があるからこそ、企業、官庁、教育機関での女性の地位は一概に高い。筆者は地場産業を調査して、フィリピン各地で通商工業省(日本の経済産業省に相当)を訪れたことがあるが、しばしば女性の支局長、課長が応対してくれた。女性職員も多かった。

考えてみると、日本人男性と結婚したフィリピン女性がすべて高い職業的地位についていたわけではない。だが、母国における女性の地位はフィリピン女性たちの意識に影響を及ぼしているように思われる。そうした意識、「異文化」の視点があるからこそ、女性たちは日本の慣習に疑問を持ち、夫に対し平等、公正な関係を求めることが多いのである。

テレシータさんは祖谷在住時、こう言った。

---

[9] フィリピンにおける女性と性的分業については[エヴィオータ 2000]参照。

「ある時な、村の女の人から集まりがあるからって呼ばれた。きれいな服を着て、行ったら、お葬式だったの。女の人だけ、料理して、盛り付けて、お膳に出す。男の人たちは飲んで騒いでいるだけ。片付けさえしない。こんなのフィリピンではなかったよ」

村に残るポリーさんも語る。「お風呂に入る順番が決まっていて、自分は最後だったのがいやだった」

さらにデイジーさんは、フィリピンの方が女性の地位が高い、日本は男性優位の社会なので妻が家事のほとんどを任され、女性が差別されている、とはっきり言う。「私はフィリピン人だから、日本の男性優位、女性の服従という風習に従いません」

男性へのアンケートでも、フィリピン女性は日本女性と比べて平等志向が強いという答えがあった(ホテル・マネジャー片野さん、うどん製造・林さん、小学校教諭・宮脇さん)。何度もフィリピンに足を運んでいるうどん製造業・立山さんもフィリピン女性は男性と平等だという意識を強く持っていると指摘する。

③強さ、日常的な政治、抵抗の心理学

夫婦喧嘩において、フィリピン女性が「いかに強いか」について、男たちの意見が一致したことがある。

田淵「けんかするとすごいな。絶対に引かない。言いたいことを全部言うてくる」

蓑田「こういうことを言ったら夫が傷つくとか、こういうことは言ったらいけないとか、ぜんぜん考えませんね」

田淵「謝らない」

筆者を含め３人「だいたい謝るのは夫の方。妻から謝ることはまずない」

アンケート調査でも、日本女性と比べて、フィリピン女性は「陽気」、「よくしゃべる」、「平等志向が強い」、「愛情表現が豊か」等と並んで、「強い」と指摘する男性が複数いた(宮脇、横山)。このうち、横山泉氏は妻の良いところとして、「明るい、芯が強い、愛情豊か」と答えている。「芯の強さ」については、立山さんも妻が自分のポリシーを持っている、物の考えがしっかりしていると

回答した。

　そして、「ポリシーを持った」「強い」フィリピン女性は日本男性にいろいろな形で、対抗、抵抗し、あるいは誉め、なだめすかし、お願いし、男性を変えようとする。これはフィリピン農民による地主に対する日常的な抵抗を描いたカークブリートの著名な研究書の書名を借りると［Kerkvliet 1990］、「日常的な政治」everyday politics とも呼べ、男性に圧力をかけ、妥協、適応を迫っていく。何が正しくて、特定の資源に対して誰が権利を持っているかなどについて、交渉し、主張を貫徹していく。

　例をあげれば、脳腫瘍で手術した大久保さんはヘビースモーカーだった。だが、手術後、完全に禁煙した。医者の指示もあったが、一番利いたのが妻のエスミーさんの言葉だった。

　「タバコ吸うたら、あんたをおいて出て行くよ」。1994年、結婚して2年に満たない時期で、2人の間に生まれた男の子は1歳半だった。エスミーさんも必死だったのだ。

　また、前記「タタイ」田淵さん（54歳・塗装業）の場合、ハンナさん（34歳）と結婚し、息子さんが3歳になりながら、時にフィリピン・パブ通い。怒ったハンナさんは子どもを置いて、家を飛び出した。「タタイ田淵」は彼女を探し回り、平謝り、家に帰ってもらった。それから、けんかすると、「また、パブに行くんか」と言われる。彼はもう行かないほうがいいと本気で思うようになったと言う。

　フェミニズム（女性解放）思想をひもとくと、「抵抗の心理学 psychology of resistance」という概念があるという。

　社会は支配する階級による権力行使と、支配される側の抵抗によって、形づくられている。現代社会の課題はこうした構造を突き崩すこと（デコンストラクション）だ。そのためには、構造をこわし、新しい関係をつくらねばならない（リコンストラクション）、それが、「解放を実現する心理学 liberating psychology」なのだという［Estrada-Claudio 1999: 188］。

　日比カップルにおいても「女性解放」を推し進める女性による強烈な「抵抗の心理学」が機能しているのかもしれない。

確かに、男性側が妥協、適応せず、ついには離婚にいたった事例もある。暴力、いわゆるドメスティック・バイオレンス(DV)を振るうケースもある。香川県内でも、塾教師の夫が酒を飲み、暴力を振るうため、夫のもとに息子を置いて、娘だけを連れて逃げざるを得なかったフィリピン女性がいる。しかし、既に記したように、フィリピン女性と日本男性との離婚率は日本人同士と比べてほとんど有意差はなく、日比結婚の方が長続きしない、不安定であると想定するのは誤りなのである。

以上のように、男性に影響を及ぼすフィリピン女性側の要素には、家族・男女平等志向、「強さ」、日常的政治、抵抗の心理学といった点があげられる。

2 男性側の要因
①男性解放

男性側の事情を検討する。まず、アメリカにおける男性学の研究を援用してみたい。男性学とは女性解放思想に対応する形で現れた男性解放思想・運動に基づく学問で、女性や他者を抑圧せず、対等な関係を築くことを目指している。強くあれ、泣くなという「男らしさ」にとらわれず、他者を抑圧する男の行き方を見直そう、そして、そうした「男らしさ」から自らを解放しようというのが男性解放思想・運動である。強く、たくましい男性が家族を支えねばという男性中心主義にとらわれると、男性は働き中毒になる傾向があるので、仕事中心の生き方を見直し、家族を大切にするという思想潮流も男性学から生まれている。男性学がアメリカで学問として認知されたのは1980年代であり、日本でも男性解放や研究が進んだのは90年代と言えよう[10]。

さて、アメリカにおける男性を研究したクリスチャンによると、意識的にか、無意識にか、男性の優位を拒否し、性的な差別をしないように生活を送り、両性の平等を心がける男性たちがいるという[Christian 1994: 12]。女性を抑圧するマッチョになることを拒絶する男性たちである。クリスチャンによれば、女性解放思想がそうした男性に明確な影響を与えている。特に、女性は特定の男性との関係において、個人的に政治的な影響を与えることができるという[*ibid*.: 44]。彼は30人の男性にインタビューし、23人に共通する2つの要因を

---

[10] 男性学については[伊藤・樹村・國信 2002: 121-126; 伊藤 1996; 佐竹 1994]

見つけた。第1に、人生の早い時期に伝統的なジェンダー役割にとらわれない人々と日常的に出会っていること。例えば、人を慈しむ、やさしい父親、そして、たいていは仕事についている強い母親の下で育っていること。第2に、成人後、女性解放論者の影響を受けたこと。この場合、男性が少なくとも1人の女性解放を信奉する活発な女性と親しく付き合ったり、友人になるという形が多い(*ibid*.: 20)。

　クリスチャンの研究は異文化間結婚に関するものではないが、示唆に富む。日比結婚における男性の変化にひきつけて考えると、日比結婚でも、男性の生まれ育った家族環境まで掘り下げ、個人の人格形成、ジェンダー意識の形成まで検討する必要があろう。この点に関しては筆者は十分な調査ができなかったが、ここでは、成人以降の体験として、男女平等志向が強いフィリピン女性との出会い・共同生活に注目したい。つまり、女性が男性に影響を及ぼすという点である。加えて、男性がフィリピンに比較的長く滞在した場合、フィリピン社会における女性の比較的高い地位を知り、女性との対等な関係を心がけるようになることもある。1例を紹介したい。

　公務員の田嶋浩太郎さん(36歳)は大学1年の時(89年2〜3月)、2ヵ月マニラで英語を勉強した。2年時も夏休みはフィリピンに滞在して、3年時には東ネグロス州ドゥマゲティ市にあるシリマン大学に1年間、私費で留学した。93年、卒業後、地元の社会福祉協議会に就職。96年5月、友人を通じて、材木輸入会社で通訳として働いていたマニラ出身のジャヤさんと知り合った。ジャヤさんは86年フィリピンやインドネシアから材木を輸入する日本の会社の通訳として来日、その後、通訳業をしながら、香川県内の短期大学を卒業していた。

　97年5月、坂出のホテルで、盛大な結婚式が行なわれた。同9月にはマニラの教会で式を挙げ、ホテルでパーティ。ジャヤさんの親戚だけでなく、田嶋さんの両親、弟を含め、親戚10人がマニラへ駆けつけた。

　その田嶋さんが大学時代の友人の結婚式で、こうスピーチしたことがある。
「新郎に伝えておきたいことがあります。私は今、妻の尻に敷かれています。でも、そうなっていることは必ずしも悪いことではありません。妻を圧倒するのではなく、夫は妻の言うことによく耳を傾けた方がいいと思います」

あるジェンダー研究の書名を借りると、彼は女性を抑圧する「男性になることを拒否」[Stolenberg 1990]したと言えよう。男性が自分の意志を配偶者に押しつけず、フェアな関係を作ろうとしているからだ。女性の社会的地位が比較的高いフィリピンでの滞在経験が長かった点も彼に影響していると思われる。彼の口癖は「フィリピンの女の人は強い」である。また、しっかり者の「姉さん女房」ジャヤさんも日常的にさまざまな形で、彼に働きかけを行なっているように見える。

今藤さんも著作の中で、「結婚して私が最も変わったこと。こだわりが減って、生き方が楽になったことであろうか」と記している。つまり、以前、男はこうあるべきという見栄がたくさんあった。「しかし、妻との葛藤の中でそういう見栄は…剥がされていき、"せめて人前では夫を立てて欲しい""せめて子供の前では父親をバカにしたような態度はやめて欲しい"という最低限の見栄も妻との18年戦争の末、木っ端微塵である。今では"男としてのこだわりがないことが男のこだわりだ"ぐらいに負け惜しみを言っている次第である」[今藤 2004：102]

男としてのこだわりがないこと、これも「男性解放」である。また、「18年戦争」の「賜物」なのかもしれない。

②男性のやさしさ

先にフィリピン女性側による交渉、日常的な政治という点を指摘した。フィリピン女性が男性と交渉して、自分にとって有利な結果を引き出していくという議論である。ジェンダー・ポリティクス(政治)の立場から一理ある議論であり、夫婦という男女関係を考える際、不可欠な視点である。

筆者は日比結婚について、フィリピンを専門に研究している2人の日本人男性と意見を交わしたことがある。1人はフィリピン女性と、もう1人は日本女性と結婚している。日本人の妻を持つ研究者は日比結婚に関して、女性が男性と交渉して自分に有利な結果を得るという議論には納得がいかない部分もあると言う。つまり、「交渉だけではない。それだけで考えられると傷つく。やっぱり愛というのもあると思う」というのである。彼自身、妻がキャリア昇進のため、1年間の海外研修に出ることに合意した経験があるそうだ。その時は夫

婦間の交渉というより、妻への思いから妻の意向を尊重したと言う。

　確かに夫婦の間では、交渉、計算、打算といった局面もあるかもしれない。だが、逆に、政治学的な分析だけでは不十分かもしれない。夫による妻に対する思い、優しさといった部分も考えないといけないのかもしれない[11]。彼の発言を聞いて、もう1人の研究者はこう語った。彼はマニラ留学中、フィリピン女性と知り合って結婚し、現在日本で夫婦生活を送っている。「彼女に対して、悪かったかなと思う。だって、彼女は普通の会社より給料の高い外資系企業に勤めていた。そんな彼女をマニラから連れてきた」

　そういう罪悪感もあると言う。筆者自身、結婚後3年目、日本人とフィリピン人との「ハート・トゥー・ハート・トーク」（第3章参照）で、フィリピン女性について、こう言ったことがある。「東京で暮らしていた日本人同士の夫婦が夫の転勤で四国に来た。妻は退職して、夫に従った。妻はキャリアを失い、新しい場所で適応を迫られる。フィリピン人女性も日本人と結婚して、来日すると、親、親戚、幼なじみと切り離される。似たような部分がある」

　これに対して、在日フィリピン人女性のエンパワーメント活動をしていたリサ・ゴーさんが反論した。「違います。フィリピン女性の置かれた状況はもっと大変です。女性としてだけでなく、民族的にも差別されるのです」

　私自身、認識が甘かったと感じた。日本女性の状況との類似点を見出そうとしたのだが、フィリピン女性の置かれた状況への理解が足りなかった。彼女たちは「外国」から来た。性差別だけでなく、民族的な差別もある。フィリピン女性たちが友達やネットワークを作り、励まし合う背景には、こうした二重の差別が横たわっていることに気づかされた。

　そうした女性たちへの思いがあるからだろうか、フィリピン人女性と結婚した別の日本人研究者を見ても、妻の仕事・キャリアの関係で、結婚後しばらくはフィリピンと日本で別々に暮らす、海外で妻と子どもが暮らし、夫が日本で

---

[11] 愛情とジェンダーについては要検討だ。愛という名目によって、家事・育児分担が著しく女性に偏ることも多いからだ。ここで、男女平等（これ自体完全には実現されていないが）と並んで、ジェンダーにおける公正さ（フェアネス）も考えたほうがいいと思う。妻、夫、一方かそれとも両方が働くか、どの程度の時間働くか、家事・育児をどうするかということについて両者で極力合意をめざす。時に妥協する。必ずしも「平等」にはならなくても、両者が公正と感じ、それなら合意できる、という線を目指す。理想は言えないが、そうしたフェアさ、公正さも大切と考える。

1人暮らし、半年間、夫が子どもと2人暮らしといった例もある。

前述のように、東祖谷のデイジーさんは「夫がイサベラで暮らして、やさしくなった」と言っている。フィリピンの親戚にやさしくされただけでなく、言葉が通じにくい「異国」で暮らしたことで、日本に「嫁いできた」妻の苦労を思い知れたから、彼はやさしくなったとも思われる。ある負い目があるので、やさしくなる。ただし、そうしたやさしさは「負い目」だけでなく、パートナーを人として尊重することからも生まれる。つまり、お互いや家族のために何がベストかを考えて、夫もいろいろな選択をする。

実際、妻のために転職したり、生活の場を変える男性もいる。綾上町の岩見さん（48歳）は四国電力の元電気技師である。1986年にマスバテ出身のレイチェルさん（42歳）と結婚した。子どもは3人。姑、舅と一緒に家にいて、ストレスをためがちなレイチェルさんのために、電力会社を早期退職し、イチゴの栽培を始めた。夫婦2人で自宅で働けるからだ。

また、オーストラリアでお話を伺った今井一郎さんの例もある。今井一郎（51歳）さんはかつて東京の大手電子メーカーの医療機器部門に勤務していた。機器の納入でマニラに出張した際、日本商社のマニラ・オフィスで働くエスターさんと知り合った。1982年マニラで結婚。夫妻とも29歳だった。結婚後、2人は東京・福生市に居住、今井さんはサラリーマン生活を続け、エスターさんは横田米軍基地内の高校のカフェテリアで働いた。夫婦はその後、3人の娘さんに恵まれた。当時、今井さんは朝8時に家を出て、夜8時から9時に帰宅。家族は食事を終え、夕食はいつも1人だった。娘さんたちと話す機会も減り、家族の中で「異星人」みたいになっていたという。また、大卒でオフィスレディだったエスターさんも経歴を生かせる職につけていなかった。

そこで、夫妻はエスターさんの姉や叔父が移住しているオーストラリアへ移り住むことを決断した。今井さんは自分と妻のキャリアの実現、子どもとの関係、夫、父としての自分を考えた上で移住を決めた。「振り返ると、私が決断すればよかったのです。人生でも大きな決心でした」

オーストラリアは移民受け入れにポイント制度を採っていたが、夫妻は家族関係、英語力など一定の点数をクリアして、移住権を獲得。1999年1月、47歳にして、夫婦はそれぞれ退職して、一家でシドニー郊外に居を構えた。一番上

の娘さんは当時16歳、シドニーでは高校2年を繰り返した。二女は12歳、小6、三女は9歳、小4だった。娘さんたちも適応を迫られたが、英語もほどなく上達したそうだ。

今井さんは宝くじ会社など、4つの職場を変わった後、2000年、血液分析機器メーカーに就職。やっと、経歴を生かせるようになった。エスターさんも国家統計の処理担当者として、公務員となった。今井さん曰く、

「ここに来てよかったと思います。今、朝7時10分に子どもと妻といっしょに家を出ます。5時には退社して、車で妻を迎えて、いっしょに帰ります。夕食は6時半。家族みんなで食べます。親戚との絆もここでは強い。私のアフターファイブは充実しています」

今井さんによると、シドニー北部に固まる日本人ビジネスマンは週末ゴルフばかりする。「自分は親戚と子どもの誕生日を祝ったり、家族とのんびりします。日本では仕事と家族は別々。男は家族のことをめったに話さない。でも、オーストラリアでは男の人も子どもや家族について話す。大きな違いです」

移住後、収入については4割下がったそうだ。食べ物は安いが、工業製品は日本並なので、厳しい部分もある。しかし、時間を拘束されるサラリーマン生活が許さなかった家族とのコミュニケーションを彼は海外移住によって獲得した。濃密な親戚づきあいも味わうようになった。働き蜂のサラリーマン生活を見直した点では「男性解放」とも言えるし、妻、家族を「愛する」からこそ、オーストラリアに移住したとも言える。［シドニーでのインタビュー。1999年8月6日、2000年7月29日］

Ⅴ．定年後をフィリピンで

本章の最後に、男たちの定年計画に触れておこう。高齢となり、働けなくなったり、定年退職したら、どこで暮らすか。ふっくらして、暑がりの「タタイ」田淵さん(54歳)は「フィリピン、暑いやろ。蒸すし。カビテに家を持っとるけど、盆地みたいで、暑いんや」とやや二の足を踏んでいる。また、フィリピンで暮らしたら、お金を目当てに親戚が寄ってくる、日本人は勝手な甘い願

望を持ったらいかん、と言う男性(パンパンガ出身の女性と結婚)もいる。だが、フィリピンで暮らしたいですかと聞くと、はいと答える男性は多い。「時期は5～10年後」と答えた小学校教師Tさん(40歳)を除き、みんな定年後に○をつける。気候が温暖、親戚が多くて、老後が安心、人々がやさしい、フィリピンに家がある、物価が安い、などが理由だ。ホテル・マネジャーの片野さんは「あまり日本にいたくない」とも記した。夫たちの言を聞いてみよう。

「定年後、フィリピンで暮らしたい。気候が暖かいですからね。こちらで寒くなったら、フィリピンに行く。数ヵ月滞在したら、日本に戻るという生活をしたい。年金の受け取りが気になりますので」(蓑田さん、52歳)

「自衛隊では定年が以前54歳、今は57歳です。私もやめて、退職金をもらって、フィリピンに家を建てたい。セブでダイビングのビジネスをやりたい」(佐桑さん、42歳)

「今、企業戦士として、何分何秒の世界で生きています。会議の時は、5分前に行って、資料を読んだりしています。フィリピンだと10分くらい遅れても大丈夫みたいでしょう。テレビを見ると、定年を迎えた人が向こうでゆったり暮らしている様子が描かれている。隣の芝生ではないけれど、ゆったりと暮らしたい。3年前、マニラ生協があるのを知って、応募しようかと思ったくらいです」(横山泉さん、48歳)

「子供が成人したら、仕事をやめてフィリピンで暮らしてもいい。家があるし、物価も安い。エルミタから近いパンダカンで中古住宅を買い、大工のお父さんに直してもらい、お姉さんが住んでいます。親戚が多くて、老後も安心です」(宮脇さん、45歳)

小学校教師のTさんも同じく親戚が多くて老後が安心と答えた。筆者も同感するので、説明を加えたい。筆者は1997年8月から98年7月まで1年間ネグロスで暮らした。勤務校から研究年期を授かったのだ。義父が製糖工場に勤めていたので、従業員向け住宅地に筆者夫婦は家を建てることができ、同じ敷地内に両親の家がある。叔父夫婦の家も隣にあり、義妹や義弟家族の家も住宅地にある。97年当時、2人の義妹にはそれぞれ2人、1人、義弟には3人子どもが

いた(その後、増えて4、3、5人)。妻の両親、叔父、叔母も含めると、地元のビーチに出かけるにも大型乗り合い自動車ジープニーでピストン輸送となった。また、親しくしている老夫婦の家が真ん前にあって、5歳の娘はよく泊まらせてもらい、「朝帰り」して、幼稚園に通った。子どもの誕生会、クリスマスを含め、親戚・近所づきあいは濃密だった。

その頃、元看護師だった叔母(義母の妹)が膵臓癌にかかった。独身でふっくらしていた叔母はやせ細った。90年の結婚以前から、筆者たちの相談に乗ってくれ、励ましてくれた叔母だけに、寂しさはひとしおだった。そして、98年5月、叔母は52歳にして帰らぬ人となった。一般に、フィリピンではお年寄りは家族とともに暮らす。中流階級以上の金持ちは家事労働者を雇ったりするが、老いた親を施設に預けるということは聞いたことがない。老人は家族、地域の中で、生を全うする。高齢ではなかったが、叔母も妹や頻繁に訪れる親戚に看取られながら、亡くなった。

振り返って、核家族の日本ではどうだろうか。家族といっしょに暮らせるお年寄りは幸運である。世話をする家族(現状では特に嫁)が大変という事情もあり、少なからぬ老人が1人暮らしをするか、さらに身体が弱り1人で暮らせなくなると、施設に入所する。嫁、舅、姑との同居が多いと思われるような徳島県の東祖谷山村にも、大型の老人介護施設があるのだ。そして、日本全体でも高齢者が増加し、介護労働者が不足し、フィリピンから受け入れようという動きがある[12]。確かにどこの世界でも親戚づきあいには面倒な部分もあるが、体験的に言って、フィリピンでは路頭で倒れたら、親戚、近所の人が救ってくれる、さらに知らない人でも救ってくれるような雰囲気がある。例えば、ジープニーで目的地を告げて、運転手が知らない時、他の乗客が教えてくれる。筆者は何度もそんな体験をしてきた。思い入れが過ぎるかもしれないが、親戚が多くて、安心というのは、こういうことなのである。

---

[12] 2004年11月、日比政府間で自由貿易協定の締結が基本合意された。これにより、日本政府はフィリピン人の介護福祉士、看護師の受け入れを決めたが、受け入れ枠は今後の交渉にゆだねられた[『神戸新聞』2004年12月1日]。また、派遣を促すため、日本の与党議員らがフィリピンのアロヨ大統領に会見した。[Japan eyes RP nurse, *Philippine Daily Inquirer*, May 2, 2005]

第6章　日本を第二の故郷に：
多文化共生を求めるフィリピン女性

メアリー・アンジェリン・ダアノイ

　日本の入管政策は入国者に対してさまざまな制限を設けているが、海外からの移住・移民はとどまることを知らない。その結果生まれてくる民族集団の形成、国際結婚、外国籍者の定住・永住については、「多文化共生」の視点から検証すべきだと思われる。

　過去の研究によれば、移民が受け入れ国で定住権を得ようとするならば、同化が必要であるとも言われた。そして、同化過程には時間がかかり、完全な同化には何世代も要すると主張された[Castles and Miller 1998]。しかし、同化という概念は、マイノリティ(少数者)集団がマジョリティ(多数者)集団や支配的な文化に従い、統合されると想定しており、マイノリティ集団の自律性を前提としていない。他方、一般にマイノリティ集団は外国で定住し、生活しても、文化的なルーツを保ち続けようとする。したがって、同化という概念よりも、マイノリティの自律性を尊重する「多文化共生」という視点が重要である。その観点から考えると、法、社会、経済、文化、どの分野でもマイノリティが十分尊重されているとは言い切れない日本では、フィリピン女性は周縁化ならびに社会的疎外と闘わなければならない。

　さて、本章で紹介する調査回答者はいずれも日本人男性と婚姻しているか、過去に婚姻していたフィリピン女性である。彼女たちは日本人の配偶者、日本国籍を有する子どもの親あるいは永住者[1]として、日本社会で暮らす。こうした中で在日フィリピン女性は固定したフィリピン女性に対するイメージを変えようとするだけでなく、地域社会における定住者、構成者として、自分を作り

変えようと努力している。

Ⅰ．地域経済におけるフィリピン女性

　香川県では各市や町でフィリピン女性が積極的に地域経済に参加している。多数が配偶者ビザまたは永住ビザを獲得しており、それにより、元OPA（海外芸能アーティスト）の女性は興行以外の産業で働けるようになったからだ。元OPAおよびそれ以外のフィリピン女性の主な就労場所は食品加工場、工場、ファストフード店、病院、ホテル・旅館、スーパーマーケット、デパートなどで、雇用形態はパートタイムである。また、フィリピン・グッズの販売、専門職として通訳、英語教師を務める女性も少数いる[2]。以下、パートタイマーとしての工場労働、具体的には仲多度郡満濃町の弁当工場で働く9人、国分寺町の焼き鳥加工場で働く8人のフィリピン女性の例を紹介する。

　彼女たちはフィリピン女性＝「ジャパゆき」ではなく、勤勉な女性という、より良いイメージを作りつつある。弁当工場には、フィリピン女性7人が午後6時からの夜勤で、2人が午前9時からの日勤で働く。夜勤者が多いのは夜間手当がつき、収入が多くなるからである。9人中、夜勤の1人を除き、8人が元OPAである。

　また、焼き鳥加工場で午前9時から午後5時まで働くフィリピン女性8人のうち、6人が元OPAである。この6人は現在も夜8時から12時までパブやスナックで働いている。だが、ジャパゆきイメージは、彼女たちが工場で労働することにより薄らぎつつある。彼女たちは職場で、よく働く親、家計を支える妻と見られるようになったからである。このことは、日本人の同僚が彼女たちを「働きものですね」「しっかりしているね」と評価している点から確認できる。

　弁当工場でも日本人が同じような感想をフィリピン女性に寄せるという。弁

---

[1] 日本の入管政策では在日コリアンなど日本の植民地支配に起因する永住者は「特別永住」、一定の条件を満たす他の国籍保持者は「一般永住」資格が与えられる。後者の資格を取得するフィリピン女性も増えてきた。

[2] 第2章Ⅲ[3]「フィリピン女性の横顔」参照。

当工場の夜勤は午後6時から10時までで、会社が要請したり、自分から望んだ場合、夜中の2時まで働く。夜勤に加え残業を希望するのは、土地を買った、家を建てた、商売を始めた、親戚を支えているという具合に、故郷で「プロジェクト」を抱えているからである。

ここで注目されるのが、焼き鳥加工場で働く6人の女性のように、元OPAの女性が現在も地元のパブで働いていることである。うち4人は第4章で紹介したバネッサ、アナを含め、離婚したシングルマザーか、夫が無職である。そうした境遇を踏まえると、生活のため、彼女たちにとってはパブ労働が現実的な選択となっている。

他方、弁当工場で夜働く7人のうち元OPAの6人は、パブで働けば高給を稼げるが、より給料が安い工場で働く。その理由の1つとして、パブで働くと子どもが学校で冷やかされ困るかもしれないという配慮がある。また、結婚や家族生活を守りたいという気持ちも働いていると思われる。事実、アナ、バネッサともに、元の夫が無職だったり、仕事を怠けるため、スナックで働いたところ、夫が嫉妬し、離婚に至った。

また、彼女たちが強調するには、一定時間にいくつおかずをきれいに盛り付けたか、鶏肉を何本上手に串に刺せたかという作業能力によって会社は彼女たちを評価するので、効率よく働けることを示せれば、自分に対する自信が湧いてくるという。この弁当工場では夜7人のフィリピン女性がおにぎり製造を任され、大卒のレビーが「班長」をつとめている。彼女は、元農地改革省のパンパンガ州支局に勤務していたが、日本人と結婚しているいとこの紹介で日本の男性と結婚した。会社は彼女たちの能力を信頼して、よく売れる「重要商品」の生産を委ねているのである。

なお、弁当工場ではフィリピン女性は中国人研修生に次ぐ数である。3番目は日系ブラジル人である。中国人は漢字が読める強みを持っており、フィリピン女性はこの点不利だが、勤勉という評判を得ている。外国人集団間における緊張はほとんどない。逆に、仕事の量が多い時、日系ブラジル人、中国人、フィリピン人が団結し、日本人の監督に苦情を言うこともある。ちなみに外国人同士では日本語が使われる。

こうした「外国人労働者」の増加は、日本社会がより「多文化」になったこ

とを示す。そして、第4章で記した地域社会における外国人不信と比べると、日本人の労働者や監督は外国人を心理的に受け入れているように見える。生産現場では外国人労働者が必要となり、数も増えた。日常的な人間関係も生まれ、外国人に対する不信感や偏見も以前より薄らいでいるように見受けられる。少なくとも外国人に対する緊張感は消えてきた。元 OPA で、現在ビニール工場で働いているエスミーも言う。「会社でペルー人やブラジル人が増えた。日本人はいろいろな文化が入ってきたって言う。あまり気にしていないみたい」

フィリピン女性と日本人労働者との間で話す機会も増え、ジャパゆきという画一的イメージが変わりつつある。エスミーは言う。「日本人の同僚にいつも、こう言うの。日本にいるフィリピーナは同じ国から来たけど、生き方は人それぞれだって。私は前タレントだったけど、他のことだってできる。今の仕事を一生懸命することもその1つよ。日本人は、そうね、あなたはよく働くなって言ってくれる」

お互いに家族や生活について話すこともあり、第4章で記した日本人による「覗き見」ではなく、人格を持った「外国人」同僚に対する関心が涌いてきたとも言えよう。

そして、「農村花嫁」も伝統的な家の束縛を破り、さまざまな職業についた。4章で紹介したデイジーは老人介護施設で働く。東祖谷に残るもう1人ポリーも隣村の旅館で働く。村を出たテレシータも化粧品販売で業績を上げ、会社から表彰されたほどだ。

こうして、フィリピン女性はさまざまな経済部門に参画し、主に OPA という移住労働から製造業という定住労働へという形で移住・移民過程を組み替えており、ひいては自分たちのイメージを変えつつある。また、職場の日本人は外国人労働者が会社や地域の経済に貢献していると感じつつあり、配偶者ビザ、永住ビザを有するフィリピン女性にとっても、人間関係を含め、働きやすい環境が生まれてきた。

なお、弁当工場や焼き鳥加工場で働くフィリピン女性の中には、母国の大学で教育学を修めて行政機関で働いていたり、看護学を修めて看護師だった女性もいる。だが、彼女たちは教育や職歴を生かせていない。

つまり、フィリピン女性が主に就労する職種は工場のパート労働、パブ労働

など、労働力が不足する「現場労働」である。労働力不足に悩む企業や工場は中国人研修生や日系ブラジル人と並んで、在日フィリピン女性も数多く雇用している。そうした「現場労働」で働く女性の中には、教育や職歴を仕事の中で生かせない女性も少なくない。また、さらに教育や訓練を受けて、専門職についたり、労働技能を身につけたいと考える女性も多い。しかし、自治体レベルでも、彼女たちを含む移住者向けの教育プログラムは日本語講座以外乏しい。移住者向けの訓練プログラムも自治体や中央政府はほとんど提供できていない。フィリピン女性の多くは、一時就労の「興行」から、定住を前提とする「日本人の配偶者、親」という資格に滞在資格を変更している。それにもかかわらず、彼女たちに対して日本人と平等な就労を支援、保障する政策やプログラムは限られている。この点、オーストラリアではTAFE(Training and Further Education)＝訓練および継続教育という方針の下、海外からの移住者に対して、移民アボリジニー多文化関係省が教育省と提携し、職業訓練や高等教育を提供していて、参考になる。また、名古屋では民間企業が在日フィリピン人を対象に介護労働者育成の訓練講座を開講した。介護労働者不足とフィリピン人介護士導入を見込んでの開講と見られる。この講座に関しては、労働力不足が示すように、日本人が就労を嫌がる職種にフィリピン人など外国人が就労を目指すというパターンは変わらない。反面、フィリピン女性の就業機会を広げる意味で評価できる。

Ⅱ. 異文化にまたがるアイデンティティ

次にフィリピン女性、および日比夫婦が育てる子どもに関して、言葉、宗教、名前を取り上げ、フィリピンと日本の文化にまたがるアイデンティティを検討してみたい。

1 文化を学ぶ：日本語の学習

調査に応じたフィリピン女性のほとんどは、初来日の際、日本についてあまり知識がなかったという。彼女たちの知識といえば、太平洋戦争中、日本軍が

フィリピンを占領したこと、日本は景気がいいので彼女たちを呼び寄せたこと、そしてハイテクの国という程度だった。

　また、フィリピン女性の多くが経済的理由、つまり働くために来日したため、当初は特に日本文化に関心がなかった、あるいは夫とフィリピンで会って結婚したため、日本語も勉強しなかったと答えている。

　しかし、日本人と結婚し、在住が長くなると、彼女たちは日本語を学ばなければと感じるようになる。元OPAの女性も客を喜ばせるような「お店の言葉」しか知らなかったが、少なくとも話し言葉を、できれば漢字をもっと勉強したいと思いはじめる。

　このように、文化的適応を示す指標として、言葉はフィリピン人移住者の生活で重要な機能を果たしてきた。つまり、必要に応じてどの程度言葉を使うことができるか、それが適応の度合いを示すのである。しかし、調査対象になったフィリピン女性のほとんどは日本語の文字を十分に読み書きできないという。話し言葉は相当流暢だが、ほとんど漢字が読めない。

　会話ができるのは、移住者として、日本語を勉強し、日本に適応するように日本人から期待を受けており、また会話がある程度できれば日常の生活は不自由しないと女性たちが判断しているためと思われる。

　だが、日常の会話ができるようになると、現実の必要性から、いっそう読み書きを勉強しなくてはと感じはじめる。なぜなら、職場、親戚や近所付き合い、懇談会など子どもが通う学校の先生とのやり取りなど、さまざまな機会に日本語を使わなければならないからだ。また、2003年ごろから香川県の運転免許センターでは英語受験による国際免許の書き換えという制度が廃止され、書き換えても日本語で試験を受けさせるようになった。教習所に通ってから免許を取る際もすべて日本語受験である。そのため、漢字を猛勉強するフィリピン女性が増えた。こうして、少しでも勉強の成果が出ると、やりがいを感じる。例えば職場の日本人や近所の人に「英語だけでなく、漢字もわかるんだ」と感心される。日本語、特に漢字の習得は自分の持つ技能を増やすことでもあり、彼女たちの自信につながるのである。それとともに、日本文化への親しみを感じ、社会に参加しているという意識が強まっていく。

2つの文化にまたがる子どもたち

2 文化を伝える
①母語を伝える

　「ダブル・キッズ」「ハイ・ブリード」「混血」「二重文化」などさまざまに呼ばれる2つの文化にまたがる子どもたち（クロス・カルチュラル・チルドレン）をどう育て、育んでいくかは、国際結婚における重要な側面である。純粋な血統を重んずる日本人の文化的レンズからすれば、フィリピン人と日本人の間に生まれた子どもは「純潔な日本人」ではない。逆に、しばしば白人や日本人を崇拝するフィリピン女性の文化的レンズからすれば、こうした子どもたちは「ハイ・ブリード」として、母国では一般的に憧れの対象となる[3]。

　国際結婚カップルから生まれた子どものアイデンティティは親の子育てにおける役割と、親の文化的背景によって影響を受ける。親の影響は周囲の人々、

---

[3] 外国人崇拝が強いのはスペイン、アメリカに支配された植民地化の歴史が背景にある。日本に関しては「経済大国」「ハイテク」イメージが強い。フィリピン人は来客を丁重にもてなし、人種、文化の異なる人々も受け入れてきた。外来者に対する開放性である。そうした開放性を植民地支配者は利用してきた。

例えば、親戚、近所の人、遊び仲間、友達、先生、権威を持った人々などによっても強められる。子どもたちは親や重要な役割を果たす他者から価値観や言語を習い、しつけを受ける中でさまざまな影響を受けていく。

キャッスルズとミラーによれば[Castles and Miller 1998: 243]、オーストラリアへの移住者のほとんどが言葉と文化の維持は自分たちの権利とみなしているという。こうした姿勢は移住者が出身地の言葉を第2世代、第3世代に教えようとする努力として表れている。文化と言語はコミュニケーション手段を超えて、象徴的意味を持っており、マイノリティ集団を結束させる。

他方、こうした文化と言語は「他者」集団の象徴でもあるため、差別対象を示す目印ともなりうる[ibid.]。したがって、子どもには1つだけ言葉を教えればよいと夫が主張した場合、子どもが日本社会で差別されないように、その主張を受け入れるフィリピン女性もいる。つまり、単一言語が支配的な日本では、大切な文化として子どもに母語を伝えようとするフィリピン女性の努力は壁に突き当たる。なぜなら、まず異なった意見を持つ日本人の夫、親戚が反対する[4]。子ども自身も仲間はずれや、いじめを心配する。また、公の場で第2言語を使う機会がないか、きわめて限られているという事情もある。こうした状況に対応して、フィリピン女性は日本人の夫や親戚がいる時は日本語を使い、子どもとだけ家にいる間フィリピン語を使う。あるフィリピン女性が言う。

「息子にフィリピン語と英語を教えたいけれど、夫は他の言葉を教えると子どもが混乱すると心配する。私はどうしたらいいの」

日本人男性と結婚したレイテ出身の中野フェシェリアキタも元々子どもにビサヤ語を教えたかったという。だが、ビサヤ語の学習時間を他の勉強に充てた方が有益だという夫の意見に同感した。「無駄な負担を子供たちにかけたくありません。その分好きな特技を伸ばしてくれたら良い」[中野 1999: 115-117]

ここで興味深いことに、子どもが幼いうちは日本語だけ使い、少し大きくなってから第2言語を学ばせようとするフィリピン女性もいることである。これも、異なった言葉を知っていたり、異なった文化的背景を示すなど、日本人と

---

[4] フィリピン人の妻が家庭でフィリピン語を使ってもかまわないという日本人の夫も多い。だが、子どもや妻に日本語を覚えて欲しいという理由で、家では日本語を使うように伝えている男性もいる。第5章参照。

違うと思われると、子どもが差別されるのではという恐怖感に基づくものだ。
　さらに、同様の理由から、日本人としてのアイデンティティだけを持つ、つまり、日本の価値観、行儀作法、言葉を身につけた方が子どもにとって生きやすいと判断するフィリピン女性もいる。だが、それで子どもが差別されないと保証されるわけではない。なぜなら、「非日本人」に対する差別は、言葉や文化の違いに基づくだけでなく、血統が純粋かどうかによっても生まれるからである。日本文化を受け入れて言葉が上手になっても、日本国籍を取っても、国際結婚から生まれた子どもが社会的に受け入れられるとは限らない。ただし、こうしたフィリピン女性は子どもが文化的ルーツを知る権利を放棄しているわけではない。母親たちは戦略として子どもたちを民族的差別から守ろうとしているだけである。
　しかし、他の男性中心社会同様、子育ては母たる在日フィリピン女性の主要な義務であり、彼女たちは言葉の学習や慣習、信仰や伝習を含め、子どもの教育を担っている。移民女性は「文化伝達者」「文化の保護者」として言葉や文化的シンボルを次の世代に伝える大切な重要な役割を果たしている［Castles and Miller 1998］。
　さらに、一般にフィリピン女性は自分の言葉に強い愛着感を持っている。大変だが、母語や第3の言葉を子どもに伝えようとする女性たちもいる。フィリピンには異なった言語が100以上あり、主な地域言語だけでも8つある[5]。他地域出身者と話す時は標準語(国語)フィリピン語を用いる。子どもに複数の言語を教えたいのは、女性たちがこうした多言語状況で育ったこととも関連していると思われる。加えて植民地化の歴史があるので、スペイン語や英語も使われ、フィリピン人は別の言葉を習うことに心理的抵抗がないか、比較的少ない。特に地方出身のフィリピン女性は3言語を理解する[6]。そうした語学能力や指向性を持っているため、概して女性たちは出身地、教育歴、好みに応じて、子

---

[5] タガログ、セブアノ、イロカーノ、ビコラーノ、イロンゴ、ワライ、カパンパンガン、パンガシナン。
[6] 例えばセブ出身者は母国でセブアノ語を日常使う。学校ではフィリピン語、英語を習う。フィリピン語はTV、映画で多用される。英語はビジネス、行政で使われる。したがって、大学教育を受けたセブ出身者はセブアノ語、フィリピン語、英語の3言語を操る。大学でスペイン語を学習した場合、4言語となる。中国系フィリピン人(華人)も中国語(福建語か、広東語か、北京語)も加わり、やはり4言語を使う。

もにフィリピン語や英語、場合によっては地方語を使い、伝えようとする。フィリピン語が第2、英語が第3言語となる家庭もあるし、両者の順番が入れ替わる例もある。

他方、母語を伝えようとする努力が妨げられると、彼女たちは他の方法も試みる。子どもをフィリピン人の集まりに連れていったり、フィリピンへの里帰りに同行させたりするのである。

彼女たちは他のフィリピン女性といっしょだと当然フィリピン語を使い放題となる。したがって宗教的行事や社交、例えばクリスマス、洗礼、誕生パーティなどで女性たちが寄り合うと、子どもたちもフィリピン語にさらされる。子どもは母親が友達とどう付き合っているかも知る。箸か、スプーンとフォークか、または手食かという食事のマナー、親しい女友達に軽くキスするという挨拶方法、けんかになりそうな場合、声を抑えるか、挑発するかという声の調子、子どもの行儀が悪かったら、女友達が母親に代わって叱るか、無視するか。こうしたことも学んでいく。

また、母親といっしょにフィリピンに里帰りする子どもは、訪れる機会が少ない子どもより、フィリピン語を理解し、話すことが上手だ。異なった社会や文化にさらされるほど、第2、第3の言葉を学ぶ動機付けとなりうる。エスミーは語る。

「息子もラグナ州に行ったら、何日もたたないうちにフィリピン語で親戚に挨拶し始めたわ。食欲あるから、英語でアイム・ハングリー」

子どもが長期間フィリピンに滞在できれば、言葉も覚えるし、「ダブル」という自覚も強まりうる。国際結婚における子どもたちは「ハーフ」と呼ばれることもあるが、親の血を半分ずつ受け継ぎ、どっちつかずという否定的ニュアンスも感じられる。両親の血、文化両方を受け継ぎ、豊かな可能性を持つという意味で「ダブル」と呼んだほうがいい。例えば、津田守氏(大阪外国語大学)の16歳(2000年)の娘は両親とともにフィリピン、日本、アメリカで暮らしたことがある。留学プログラムの奨学金を得て、マニラの高校に1年通った経験もあり、日本語の他、フィリピン語、英語を話せる彼女はこう言う。

「どんな言葉でも勉強するのが大切。特に英語は世界のあちこちで使われるから大切です。それから、フィリピン人の血を持っているなら、フィリピン語

も勉強した方がいいと思う」[Kutira 2000]

②宗教と慣習を伝える

　この本で紹介するフィリピン女性はほとんどがカトリック教徒である。熱心な信者もおり、日曜のミサ、クリスマス、復活祭といった教会の行事に参加し、フィリピン人という意識を分かち合う。例えば、高松市のカトリック桜町教会では月2回、フィリピン人神父が英語でミサを行ない、100人ほどの出席者の8～9割がフィリピン人である。日本人と結婚したフィリピン女性、日本人配偶者、フィリピン人夫婦、留学生、エンターテイナー、男性ホスト、坂出の川崎造船や高松の金属メーカーで働く男性研修生などが出席する。宗教行事や教会プログラムを通じ、同じ信仰を分かち合っている。

　こうして、彼女たちは「正統な」クリスチャンであるが、日本人配偶者の宗教に対しては寛容かつ柔軟である。自分の信仰が尊重される限り、仏教を信奉する夫の慣習も理解するし、適応できる。そこで、一つ屋根の下に2つの宗教が並存することになる。レビーは言う。

　「1階の和室には夫のため仏壇があります。2階の祭壇には私が祈る聖母マリア像があります。私は夫の宗教を尊重し、夫も私の宗教に反対しません」

　また、女性たちは教会に通いつつ、正月の初詣を含め、寺や神社にもお参りする。仏教式の葬式にも出る。フィリピン女性の多くは結婚式をカトリック教会で挙げたが、それは伝統に基づく儀式に過ぎないと考えている。したがって、宗教は結婚生活に大きな支障となることはまずない。逆に夫は妻を教会まで車で送り迎えし、全般に協力的である。高松の桜町教会でも、フィリピン出身の妻を送り、ミサが終わるまで教会の外で待つ日本人の夫たちをよく見かける。また、女性が仏教に改宗したり、改宗を強制される例はなかった。

　他方、女性たちが宗教に熱心な場合、子どもや夫に影響を与えることも多い。まず、子どもには地元の教会で洗礼や聖体拝領(コミュニオン)[7]を受けさせる。生後数ヵ月のうちに洗礼、7歳になると最初の聖体拝領を受けさせる。教会に

---

[7] 聖体拝領はカトリック儀礼である。拝領は子どもがキリストに出会うことを象徴しており、小さなパンを食べることによって、キリストの身体を受け入れる。この儀礼の前に、子どもは1～2ヵ月週1回神父からキリストの教えを学ぶ。

通うように呼びかける熱心なカトリック神父がいて、こうした儀礼が保たれている。香川県にはフィリピン人が通うカトリック教会は4つある。高松、坂出、丸亀、善通寺である。高松の桜町教会が一番大きく、1ヵ月に2回英語のミサ、キリスト教祭日の儀礼やクリスマス・パーティ、日本人や外国人の子どものための日曜学校が開かれる。第5章で紹介されているように、教会に同行する夫がカトリックに惹かれ、洗礼を受けることもある。

宗教だけでなく、フィリピン女性は慣習をも子どもに伝える。「文化伝達」例として、男の子に対する割礼と女の子に対するピアスを紹介しよう。

調査例では、息子がいるフィリピン女性はいずれもフィリピンか日本で割礼を受けさせていた。母国では、この慣習は大人になるための伝統的な通過儀礼である。現在、医者が行なう例が増えたが、元々は地域の成人男性が少年に施す男性による男性のための儀礼だった。筆者が幼い頃、ネグロスの農村で見かけた「儀式」は次のようなものだった。大人の男性が「勇敢な」少年を集め、1列に並ばせる。少年はスカートのような布を腰にまとう。ペニスの外皮を切るためにナイフが使われ、「治療」が終わると殺菌のため、治療者はグアバの葉を噛み、治療部分に塗ってあげる。周囲の男の子たちは大きな声を出し、励ます。

女性たちによれば、この儀礼を経験しないと男の子は性的能力に欠け、男らしくない、また、「皮かむり」（フィリピン語でsupot）として馬鹿にされるという。そこで、フィリピンに手術目的で息子を連れて行く女性もいる。バネッサは言う。「2004年に11歳と10歳の息子をフィリピンに連れていきました。病院で手術してもらいました。子どもは嫌がりましたけど、母親の義務だと思ったのです」

また、日本では女の子のピアスはファッションであり、伝統的慣習ではない。しかし、フィリピンではピアスによって宝石を耳につけるのは地位を象徴する伝統的習慣である。例えば少数民族イゴロットの女性はピアスのみならず、身体に刺青を施し、身を飾ってきた。現代でも宝石のピアス、金のイヤリング、ブレスレットといった装飾品は母国では地位の象徴である。生後ほどなく、女の子は耳にピアスをされるが、痛がってピアスができない時、痛みに耐えられる年齢まで延期する。日本では乳児の耳に穴を開ける習慣はないため、よくフ

ィリピン女性は幼い娘を里帰りに同行し、ピアスをしてもらう。筆者も2人の娘をそれぞれ生後2ヵ月の時、フィリピンに連れ、ピアスをしてもらった。

❸子どもの名前とアイデンティティ

　子どものアイデンティティ形成を考える上で、親が子どもにどのような名前を付けるか、重要だと思う。名前は自分が誰かという自覚と関わっているからだ。ここでは筆者自身の命名経験を伝えたい。

　1993年7月7日、七夕の日、二女が生まれた。居住していた香川県善通寺市の市役所に佐竹ダアノイ(氏)恵子(名)という名前で、出生届を出そうとした。佐竹は父親の姓、ダアノイは母の姓である。フィリピン風に両親の苗字をミドル・ネームとして含めたかったからだ。母国では既婚女性が結婚前の姓をミドル・ネームで残す習慣がある。現大統領はグロリア(名)・マカパガル(ミドル・ネーム)・アロヨ(姓)である。母方の姓をミドル・ネームで示す男性もいる。フェルディナンド(名)・エドゥラリン(ミドル・ネーム)・マルコス(姓)元大統領がそうだった。

　だが、市役所はそれまで届けてあった親の苗字「佐竹」と異なるので、届は受理できないという。そのため、「佐竹」(氏)「恵子」(名)と届けた。だが、窓口の職員によれば、選択肢として、家庭裁判所に申請すれば、改名も可能だという。そこで、8月、苗字は「佐竹」のままで、名前に母親の姓を組み込み、「ダアノイ恵子」という名前に変更したいと、高松家庭裁判所丸亀支部に申し立てた。91年生まれの長女「佐竹愛子」についても、「ダアノイ愛子」への改名を同時に申請した。

　筆者たち夫婦の考えはこうだった。フィリピン人の母の姓「ダアノイ」を入れることによって、娘がフィリピン人でもあるという自覚を持って欲しい。つまり、「佐竹恵子・愛子」では、子どもはずっと日本風の名前を書くことになる。しかし、「佐竹ダアノイ恵子(愛子)」ならば、母親の姓を書き続け、日本人でもありフィリピン人でもあるという「ダブル」としての意識が育っていくのではないか。そうした「ダブル」としての自覚が育ってほしいと願ったのである。

　また、母方の姓を残すことにより、母(女)、父(男)が平等であるという意識も持ってほしいも願った。夫によれば、義母(夫の母)は「結婚前、川邊という

苗字だった」と寂しそうに語ったことがあるそうだ。

　さらに、こうも考えた。日本では在日コリアンの9割が日本風の名前＝通名を使っていると聞いた。コリアンとしての名前、民族名を名乗る人も増えたが、差別という現実があるため、通名を使う、使わざるを得ない人も多い。しかし、私たちは子どもが「ダブル」だということを自ら名前で示した方がいいと思った。差別もありえようが、これは差別をする側に問題がある。むしろ、学校でクラスメートから名前のカタカナは何？　フィリピンはどんな国？　食べ物は？　と聞いてもらい、コミュニケーションを深めるきっかけにもなるのではないかと願ったのだ。

　そして、申請から1年以上たち、94年9月、家裁から結果が届いた。裁判官（審判官）は改名を許可した。審判官によれば、改名の趣旨は子どもに「日本文化のほかフィリピンの文化をも継承する契機としたい」というもので、「その母がフィリピン人であることの自覚を持たせたいという考え方は1つの考え方として正当であるといえる」（審判文）とのことだった。私たちの主張は受け入れられていた[8]。石川稔・上智大学法学部教授（家族法）はこうコメントした。

　「ミドルネーム的な意味での子供の名前の変更が家裁の審判で認められたのはおそらく初めて。民族の流動化が進んでいる現在の日本社会では異文化との混合による名の問題は今後も増えることが予想され、現状に沿った先進的な審判として評価出来る」[『毎日新聞』1994年11月2日]。

　その後、97年に息子が生まれた。「佐竹(氏)ダアノイ直人(名)」と名づけ、移り住んだ丸亀市に出生届を出し、そのまま受理された。

　フィリピン人の友人たちは、よくやったわねと祝福してくれた。子どもができたら、ミドル・ネームをつけようかしら、という友人もいた。

　ミドル・ネームとは言えないが、日本人の父親とフィリピン人の母親の名前とを組み合わせる命名もある。友人は「博文」と「クレセルダ」とを重ねて、娘を「ヒロセル」と名づけた。また、フィリピン語の名前もある。例えば、娘の名前として、女王の意味を持つレイナ reyna に因む「麗奈（レイナ）」、「上品、

---

[8]『毎日新聞』『読売新聞』1994年11月2日，『朝日新聞』『四国新聞』同11月3日，*Japan Times*, Nov. 3, 1994; *Mainich Daily News*, Nov. 4, 1994;『女性自身』11月22日号; *Pinay Ito!* Vol. 1, No. 2, March 1994. など。

保育所で名前の由来を発表する佐竹ダアノイ恵子（1999年）

慎み深い」という意味の mayumi に因む「真由美」がある。

　国を問わず、親はいろいろな思いを込めて、子どもに名前をつける。だが、日比ダブルの子で、フィリピン語の意味を含む名前を授かった子は名前を書く時、呼ばれる時、その度に自分のアイデンティティを確認しているかもしれない。二女が通った丸亀市飯野保育所の発表会で、各児童が自分の名前について説明したことがある。二女は舞台でこう発表した。

　「フィリピン人でもあり、日本人でもあるという気持ちを大事にしてほしいと願って、両親が名前をつけてくれた」

　2文化にまたがる子どもとして、彼（女）らは母、父のいずれとも異なるアイデンティティを持ち、一生をかけて、自分とは何かを模索する。

Ⅲ．ネットワーキングと社会的活動

　次いで、行政機関や NGO との関係を中心にフィリピン女性が築いた社会的

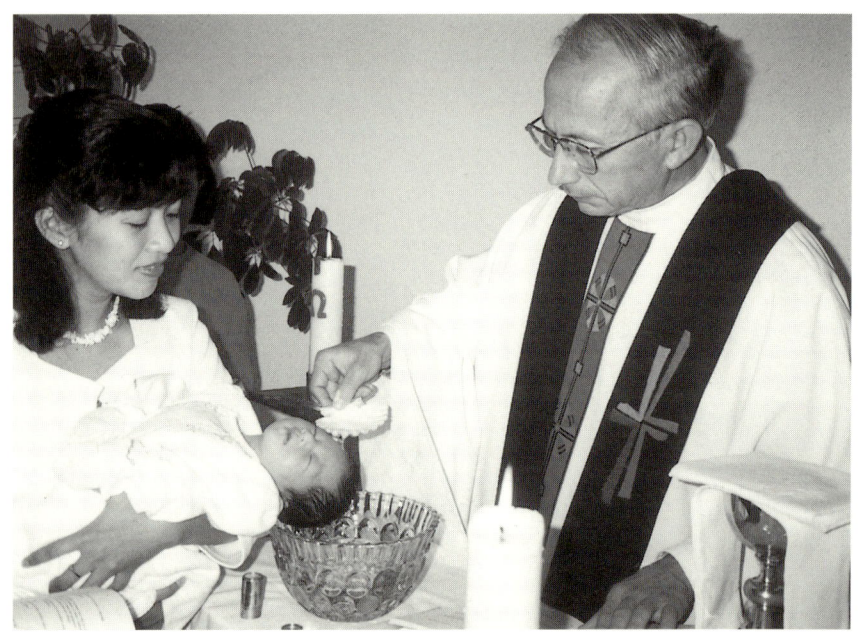

子どもの洗礼。香川県善通寺市カトリック教会にて

ネットワークを検討する。

1 地方自治体や裁判所との協同

　香川県や丸亀市でもフィリピン人や他の外国籍者は増加の一途をたどり、自治体も外国人居住者を無視できなくなった。登録外国人は県では1996年総数4294人から、2003年には7458人と74％増加し、丸亀市でも94年4月末の493人から、2003年4月末の1169人へと倍増した。国籍の内訳は中国344、フィリピン255、ペルー222、ブラジル115、韓国・朝鮮90、その他143である［香川県庁ホームページおよび丸亀市資料］。自治体も外国籍住民の自立を支援すべく、さまざまな努力を展開するようになった。

　この点で、丸亀市による「男女共同参画プランまるがめ」策定が興味深い。地域社会におけるジェンダー平等、男女共同参画をめざす市の計画をまとめた「プラン」は2004年2月制定されたが、地域社会における国際交流、外国籍住民の自立支援に対する取り組みもプランに盛り込まれた。「プラン」を起草し

た検討委員、実施を監視する男女共同参画審議会委員、そして市職員の中に、在日フィリピン女性と交流し、彼女たちの問題に関心を持つ女性たちがいたからである。

「プラン」では男女共同参画の下、外国人女性に対する機会均等、情報の公開も求められた。つまり、地方自治の精神に基づき、外国籍の住民に対しても、情報を広く伝え、その声を聞くように要請された。こうした市の「改革」姿勢の表れだろうか、窓口で英語、ポルトガル語による子どもの戸籍抄本、出生証明を受け取れるようになった。10～15年前と比べ、フィリピン人やブラジル人にとって文書の申請や受領はずっと容易となった。市の秘書課の下にある国際友好協会も医療、ごみ捨てに関する生活情報をリーフレットにし、英語、ポルトガル語、中国語、フィリピン語で配布している。

保健行政面でも進歩が見られた。市保健課職員が「プラン」の検討委員会に出席し、外国人の自立支援という視点に共感した。そして、保健課は新しく母親になったフィリピン女性向けに、離乳食と栄養に関する連続講習会を開いた。小児科医、栄養士、保健課職員が待ち受ける中、赤ちゃん連れのフィリピン女性6人が出席した。筆者が通訳したが、フィリピン女性たちは日本でひじき、しらす、かぼちゃが離乳食となることを、日本人はフィリピンでバナナが使われることを知り、楽しい情報交換の場になった。

さらに、「プラン」には外国人(女性だけでなく男性も)に対する雇用機会の均等もうたわれた。民間企業への「啓発」だけでなく、市が模範を示す意味で、市職員の採用における外国籍者の採用が要請された。丸亀市は一般事務職採用は日本国籍を持つものに限るという「国籍条項」を維持してきた。その撤廃が求められたのである。市在住の在日コリアンのみならず、永住資格を持つフィリピン人女性にも関わる事項であった。

司法通訳についても触れておく。外国人が被疑者や被告となる刑事事件が増えており、裁判所、警察署などで、さまざまな言語の通訳を担当する司法通訳が必要となってきた[津田 2003]。各地の高等裁判所が通訳のできる人に研修を行ない、その確保に努めている。四国では高松市にある高松高等裁判所が研修、登録を管轄している。フィリピン語の通訳については、2002年筆者も研修に参加、登録し、当時登録者は四国在住フィリピン女性4名となった。他の登

録者も日本人と結婚しており、会社の通訳やパート労働に従事していると聞いた。彼女たちは司法通訳という新たな技能・資格を身につけ、社会に貢献できる点で満足感があるという。

　以上のような在住フィリピン女性と自治体や司法機関との相互協力はまだ少数かもしれない。しかし、フィリピン女性(やその他の外国人[9])は自治体や司法機関の取り組みに進んで参加し、協力するようになりつつある。彼女たち、彼らは意識的に社会の周辺部から自らを解き放とうとして、行動を起こしている。

2 フィリピン人研修生への支援

　2002年1月、香川県宇多津町のモールで筆者とエスミーは同胞男性たちに偶然出会った。彼らは西ネグロス州出身で、坂出市にある大手企業・川崎造船の下請会社と子会社で働く研修生だという。30代の既婚者が多く、妻や子どもをネグロスに残してきたそうだ。同郷ということで彼らに親しみを感じ、筆者や友人のフィリピン女性の家、丸亀の土器川生物公園で開かれるバーベキュー・パーティなどに招いた。彼らは左官仕事をして、彼女たちの家のブロック塀を直したり、駐車場を作ったりもしてくれた。こうして彼らは日本に長く在住するフィリピン女性や日本人の夫と親交を深めていった。そして、筆者たちは彼らが抱える問題を知ることになった。

　彼らは西ネグロス州のリクルート会社から派遣され、親会社・川崎造船の造船所で働いている。半年ごとにリクルートされ、最初の1年間は「研修生」、その後、技能試験に合格すれば、「実習生」となり、さらに2年間勤めるという。日本では、中小企業の人手不足を背景に研修制度は1990年に導入された。中国、インドネシア、ベトナム、フィリピンなどから、多くの職種で研修・実習生が受け入れられている。研修名目による低賃金労働者という批判も多い。筆者たちが知り合った同胞男性たちも、研修、実習といっても、実態は溶接、組み立て、清掃など日本人社員も行なう「労働」に従事している。最初知り合った研修生は第6期生で、来日前、1ヵ月15万円支給されると約束されたそうだ。しかし、現実には手取りは月5万円だった。入管法上、研修の規定では研

　9　丸亀市国際友好協会の日本語クラスにはブラジル人たちも受講している。協会には市職員も派遣されており、ブラジル人の声も行政に届いていると思われる。

修時は給料ではなく、手当が支給される。相場では1日1600円、1ヵ月5万円程度という事業所が多い。したがって、坂出の研修生が受け取った手当は「水準」並みだったが、来日前の約束とは大きく隔たっていた。

また、彼らから見せてもらった「研修手当明細」によれば、1時間あたりの基準手当は最初の6ヵ月は200円、続く6ヵ月は250円となっていた。つまり、彼らは1日8時間「研修」労働して1600円、さらに日曜も「時間外」労働をして、1ヵ月5万円稼いでいたのだ。こうした「時間外」労働は残業に当たり、入管法の細則規定では研修期間中に行なうことは禁止されていたが、彼らは1時間400円という基準手当に基づいて働かされていた。

さらに、実習生になれば、規定上、労働者として扱われ、労働基準法や最低賃金の適用も受けるはずだった。しかし、フィリピン人実習生は2年目、3年目も「基準手当」は1時間300円、時間外は550円だった。当時、県が定めた造船部門の最低賃金1時間765円を大幅に下回る額である。実習生は最低賃金についてもいっさい知らされず、少しでも多く稼ぐため、午前8時から午後5時まで働いた後、さらに2〜3時間残業したり、日曜も働いたりした。だが、基準手当自体が低いので、月160〜200時間働いても、手取りは5万から7万円程度だった。

何時間も残業し、日曜日でさえ働いているのに、いつまでたっても来日前に約束された額は支払われない。おかしいではないかと、研修・実習生たちは筆者たちに相談してきた。彼らは、就労するフィリピン女性や法規を調べた日本人の夫たちから、最低賃金や「研修中」の残業禁止について学んだ。直接の雇用主は下請けと子会社だが、親会社は大企業・川崎造船。うかつには動きにくい。専門の機関に頼るのが最善だと筆者たちは考え、研修・実習生と協議した上で、2002年秋、坂出の労働基準監督署に向かうことに決めた。そして、筆者夫婦、岩見夫婦（第5章参照）、外国人の人権問題に精通する四国学院大学S教授らが研修・実習生14人を労基署に連れていき、状況を説明した。1ヵ月後、労基署は子会社と下請け会社を捜索、事情を聴取し、会社側に賃金未払い分を払い、今後適正な手当・賃金を支払うように指導した。また、高松検察庁は下請け会社・子会社の人事担当者に罰金を課した。

こうして、2002年末に3年の滞在を終え、帰国する予定だったフィリピン人

も含めて、研修・実習生たちは未払い分を支給された。基準手当も改善された〔『四国新聞』2003年5月27日〕。2003年、子会社、下請け会社に所属していたフィリピン人は親会社に移籍した。だが、「労働者」を対象として労働条件の是正を任務とする労基署の権限は労働者ではない「研修生」には及ばない。したがって、研修中の「残業」には補償がなされなかった。そこで、2003年秋、川崎造船の研修・実習生は再度筆者たちに助言と支援を求めてきた。今度は関西のNGO・RINK(Right of Immigrants Network in Kansai すべての外国人労働者とその家族の人権を守る関西ネットワーク)を経由して、労働組合ハートフル・ユニオンに支援を求めることにした。ユニオンは連合大阪のもとにあり、インドネシア人や中国人研修生を支援してきた。フィリピン人研修・実習生はユニオンに加入し、日本人委員長、事務局長を通じ、会社と交渉した。その結果、研修時の未払い分は、親会社への移籍に対する「慰労金」という形で支払うことが決まった。2004年1月、組合側と会社側が合意文書に調印し、問題は決着した。その後、1〜2ヵ月に1回、組合集会が開かれるようになった。給与のベースアップも保証され、要求や苦情も組合を通じて会社に伝える態勢が整った。

　以上を振り返ってみると、まず、研修・実習生たちと筆者たちフィリピン女性たちとの出会い、そして、他のフィリピン女性や日本人の夫たちとの交流があった。彼らも「日比夫婦ネットワーク」の一員となっていた。また、滞在が長く、就労の経験もある女性たちが夫や日本人の友人と協力して、最低賃金や行政機関について調べ、新来フィリピン人たる研修・実習生を支援した。さらに、行政機関だけでなく、国内のNGOや労働組合との提携・ネットワークも不可欠だった。もちろん、解雇、強制帰国など、さまざまな危険を予期しながら闘った研修・実習生たちの勇気と執念も見逃せない。

　実習・研修生を率いた中心的人物は母国で労働運動や学生運動を経験していた。6期生のコニー・ラブラドールはバコロドの前雇用主による複数不当解雇、退職金の未払いに対して、行政機関に訴え、和解に持ち込んだ。8期生のノエル・アレハンドロはネグロス中部のシパライ銅山(日本の商社・丸紅が融資)で働き、労働組合メンバーだった。また、9期生のハリー・エストリアはネグロス東州のシリマン大学在学中、フィリピン学生連盟(League of Filipino Students)に加わっていた。

これまでさまざまな NGO や日本人の有志が外国人研修生を支援してきた［『月刊むすぶ』第379号，2002］。だが、香川の例は、在日フィリピン女性たちが配偶者や友人とともに行動し、行政機関、NGO、労働組合の支援を得て、同胞フィリピン人に正義をもたらした点に特色がある。

Ⅳ. 日本を第二の故郷に

　最後に在日フィリピン女性による組織について触れておく。日本各地に居住するフィリピン人を統一するような単一の組織は存在しない。その代わり、それぞれ特徴を持った多様なグループや組織が存在する。第3・第4章に記した在日フィリピン人ネットワークもフィリピン女性の権利を守り、エンパワーメントを目的にしていた。また、高松の桜町教会に集うフィリピン人や日本人配偶者は親睦団体フィルジャ（FilJa＝Filipino Japanese Friendship Association）を結成し、県の行事にも積極的に参加している。日本各地にも FSJ（Filipino Society in Japan）、FICAP（Filipino Circle for Advancement and Promotion）といった組織がある[10]。筆者が現在居住する愛知県には中部フィリピン友好協会（CPFA＝Chubu Philippine Friendship Association）、フィリピン人移住者センター（FMC＝Filipino Migrants Center）、春日井愛知フィリピン人の会（KASAPI＝Kasugai Aichi Samahang Pilipino）などがある。

　他方、組織としての形態はとらず、比較的住居が近い友人を助け合う緩やかな集団、いわばインフォーマルなネットワークも多い。問題が起きると、友人や日本人配偶者、行政機関、さらに NGO、労働組合などの手も借りながら、支援する。こうした友人関係に基づくインフォーマルな絆（ネットワーク）に基き、フォーマルな組織が生まれることも多い。第3章で紹介したタンゴル・カラパタンもその1つである。また、組織に加わらず、形式ぶらない友人としての絆の中だけで生きていく女性もいる。各地のフィリピン女性はフォーマルな組織、インフォーマルな絆が織りなす綾の中で生活を営んでいる。

---

[10] FSJ は1980年代、東京で結成、現在、名古屋にも支部がある。FICAP は山梨、名古屋などに拠点を持つ。その他の団体については［高畑 2003］を参照されたい。

そして、在住が長くなるにつれ、彼女たちは日本における現実の生活を重視しなければと考えるようになる。日本で円を稼ぎ、円で生活するのは、円を稼ぎ、母国の親戚や投資のために送金するのとはわけが違う。成長する子どもを精神的にも経済的にも支えなければならない。中高年を迎えた日本人の夫が職業や部署を変えることもあるが、健康でいてくれるか。特に「草分けとなった妻」の場合、成人を迎える子どもが社会で受け入れてもらえるのか。確かに親戚、ビジネス、若干の投資を含め、故郷に対する関心は尽きないが[11]、日本における現実や将来についてもっと考えなければと気づきはじめる。

　こうして、もっと漢字を勉強し、日本の運転免許証を取り、地域の行事に参加しなければと思い、「定住」への傾向が強まっていく。だから、永住ビザを含む長期滞在資格を得ると、フィリピン女性は安心感を持つ。より人間らしい生活を送る「空間」が提供されたように感じるのである。その結果、日本の居住者として、長期的な人生設計を考えるようになる。自分が社会的に一定認知されるようになった日本についてもっと知らなければ、この社会で家族や子どもを世話する責任を等しく持たなければ、そして、より責任感を持つ居住者にならなければと痛感するのである。

　そもそも、なぜフィリピン女性たちはイメージを変えようとするのか。多くが日本を第二の故郷と思うようになった、またはそう思い始めているからだ。だから、女性たちは社会の周辺部から抜け出して、多文化化しつつある社会でより認知される位置を求めて積極的に行動している。悪いイメージを払拭するためだけでなく、日本における長期的な生活を考え、彼女たちは日々努力する。そして、子どもたちが安心して育つことができる公正な社会環境を作りたいと願う。また、高齢となり、仕事ができなくなるまでは定住し、日本を「第二の故郷」にしようと望むのである。【佐竹眞明訳】

11　ビジネスとしてはジープニーやタクシーのオーナー業が多い。本章で紹介したレビーは2004年、故郷パンパンガ州アンヘレス市にレストランを開業。年に1回は帰国し事業を監督する。投資では宅地や住宅購入が主である。

終章　レチョン、バンブーダンス、ごちゃごちゃ：異文化接触・多文化共生

メアリー・アンジェリン・ダアノイ

Ⅰ．レチョンと人々の生活

　見方によってはグロテスクとも言える豚の丸焼きレチョンが元々どこの料理だったのか、私は知らない。伝統的な食べ物とは知っていたが、夫に確認したら、フィリピン食文化研究者・吉田よし子はレチョンは太平洋諸島起源と言っているそうだ。東京など大都市だったら、フィリピン人の数も多いので、豚の丸焼きも食べられるかもしれない。だが、香川では子豚を丸ごと買えないため、鶏の丸焼きでがまんする。肉屋で鶏を丸ごと買い、下ごしらえし、炭を使って戸外であぶり焼きにしていく。豚のブロック肉に塩を振り、レモングラスの上に乗せ、フライパンに蓋をして、レチョン・カワリ（鍋レチョン）を作ることもある。それでも、なんとか故郷へのノスタルジーは満たせる。

　こんがりと焼けた豚のレチョンは私の子どもにとってもご馳走だった。2004年4月フィリピンで、親戚一同がそろった時、7歳になる息子は食卓に出てきたレチョンを見て、イロンゴ語で「ドゥ・ナーミッ」（daw namit おいしいそう）と言った。食欲と好奇心に誘われ、彼はテーブルに近づいた。しばらく見つめた後、カリカリとした豚の耳をいただこうとするいとこたちに従った。豚の耳を食べながら、にこっとして、彼は聞いた。「もっと耳、食べていい？」。他の人はみんな心底から「いいよ」と言ったが、3つ上のお姉ちゃんだけが、「わがまま」と言った。だが、彼はフィリピン人であるだけでなく日本人でもあり、

お祝いに出されるレチョン

親戚や近所の人から王子様扱いを受けた。

　豚が丸焼きとなる前に、息子はいとこの家で豚があわれにも屠殺されるグロテスクな現場を見た。豚が足を縛られて横たわり、助けを求めるようにヒーッと高い鳴き声をあげるのを見て、彼は「かわいそう」とつぶやいた。考えてみると、日本では屠殺場や養鶏場に行けば別だが、人々は豚、牛、ニワトリが屠殺される場面を見たりしない。

　1996年ごろ、私たちは養鶏をしている満濃町の知人からめんどりを5羽買って、裏庭で飼った。フィリピン式においしい卵を産んでもらうためだ。だが、卵を産んだり、猫が寄って来ると、ココココッと鳴き声を出す。近所から苦情が出たので、やむを得ず、絞めることにした。ネグロスの母がしていたように、包丁で鶏の首筋を刺すと、都会育ちでニワトリを絞めたことのない夫は「わっ、わっ、こわい、かわいそう」と叫ぶ。ニワトリがかわいいペットだと思っていた娘たちも私が情け知らずだと思ったようだ。私は鈍感だったかもしれないが、家族に、ニワトリはかわいそうだけど、食べ物でもあるのよと伝えた。フィリピンではめんどりは食用、おんどりは闘鶏用に育てられるとも付け加えた。

フィリピンのスーパーマーケットではカットされているが、市場ではニワトリはカットされた肉だけでなく、生きたままでも売られる。生きたニワトリは家庭で絞められ、新鮮な肉として、食されるのだ。日本は製造業が進んだ国だから、ニワトリだって、きれいにスライスされて、トレイにパックされて売られる。汚れも血もシミだってない。資源の無駄遣いだ。でも、その方が日本人には便利なのかもしれない。また、豊かな国における養鶏産業、家庭の利便というのはそういうものなのかもしれない。

　「豚が殺されるのを初めて見た」と息子は言った。彼は自分が生まれた日本と母の国フィリピンとの違いを垣間見たはずだ。確かに経済的格差は大きく、幼い息子でさえそれに気づくはずだ。2004年4月、フィリピンに帰る前、私は日本でペットを特集したテレビ番組を見ていた。豚さん、ベーブがペットとして、8万円以上で売られている。中年女性が白豚を大切そうに飼っていた。子豚は特別の食器でエサを与えられ、服を着ていた。テレビを見ながら、私は、エサやウンチの散らかったネグロスの豚小屋を思い起こした。撫で撫でされてもいいけど、子豚は泥の中にまみれていた方が楽しいかもしれない。世の中どうなっているんだろう。子どもの頃、家の手伝いで、ウィンウィン鳴きながらウンチを踏み潰す豚にまぎれて、豚小屋を掃除したものだ。
　私の母は家事の傍ら、豚を育て、売り、私たちを大学まで送ってくれた。母は「聖なる豚」holy pigs を自慢したものだ。だから、私たちも豚を育てたことを恥ずかしく思ったことがない。母は30年以上も、ペットとしてではなく、家計を補う商品として、豚を飼育した。豊かな日本での生活が長い7歳の息子に説明するには複雑すぎるかもしれない。フィリピンの収入が乏しい、あるいは何とか家計をやりくりしている家庭とは異なり、自家消費や収入を補うための養豚は日本の日常ではない。畜産の発達した日本では想像がつかないだろう。だが、私は息子を甘く見ていた。彼はフィリピン社会の現実を確実にとらえていた。
　4ヵ月後、日本にもどり、ある午後、私はいつものように息子と土器川生物公園を散歩していた。すると、ネグロスで飼っていた犬とよく似た黒いラブラドール・レトリーバーを見かけた。私は息子に「見て、ラブラドールのバッシ

ュよ」と言った。バッシュは私たちの犬の名前だ。息子は叫ぶ。「わあ、ステーキにしたらおいしそう」と。あれっ、ペット好きで、バッシュも大好きだった息子が何言ってんだろう。でも、きっと夫が息子にネグロスにいた犬について話をしたからかなと思った。私には2人妹がいるが、一番下の妹がお金に困った時、ウィスキーの「おつまみ」として、街頭にたむろする少年たち（カント・ボーイ kanto boys）に犬を売ったのだ。つまり、豚だけでなく、人間の親友、忠実な犬でさえ、フィリピンではステーキや辛いアドボになるということを息子は知ったのだ。そして、もちろん、息子は私の弟、つまり彼の叔父さんの家では、5人のいとこが食卓のささやかな食事を奪い合うということにも気づいた。トライスクル[1]の運転手をしているが、収入が足りないので、ボーイ叔父さんは豚やニワトリを育て、売ったり、自分の家で食べたりしていることも、彼は知った。だから、彼が生まれた国で高価な加工食品を食べる鎖につながれた犬よりも、フィリピンで十分に食事を取れない人々に対して同情するようになったとしても、不思議ではない。

ネグロスの話にもどると、私の母だけが豚にこだわっていたわけではない。私のすぐ下の妹も豚を飼育しており、子どもの誕生日に丸焼きレチョンにしたり、売って収入を補ったりしている。私も4月にフィリピンに帰ると、何頭か子豚を買い、弟の家で育ててもらった。息子もぬかや食べ残しをやりに行った。そして、数ヵ月後、1匹の豚がレチョンになる使命を果たす時が来た。「情け容赦ない動物殺し」ボーイ叔父さんが豚を殺し、それから、炭で何時間もあぶられて、こんがりと丸焼きが出来上がった。息子はすぐ飛びつかなかったが、抵抗しがたいにおいに負けた。得がたい体験をした後だけに、息子は気持ちを高ぶらせながら、言った。「やっぱり、おいしいな」

II. バンブーダンスと多文化共生

日本に来るまで、ティニクリンやシンキルといったバンブーダンスは私にと

---

[1] オートバイにサイドカーをつけた乗り物。

終章　レチョン、バンブーダンス、ごちゃごちゃ：異文化接触・多文化共生　　155

異文化理解教育：保育所でのバンブーダンス

って、学校の活動の一部という意味しかなかった。ティニクリンが東ビサヤのレイテ、シンキルがミンダナオの踊りだということは日本で知った。バンブーダンスを最初に見たのは、小学校の学園祭「フィリピン語週間」（リンゴ・ナン・ウィカ）においてだった。フィリピンの民族舞踊もたくさんあるのに、なぜ日本でフィリピン文化の象徴としてバンブーダンスに人気が集まったのか、よくわからない。カルチュラル・ダンスとして、上演するフィリピン人タレントを通じて、元は興行関係者がブームを作ったのかもしれない。

　これまで、何回かフィリピンについて、話をしたり、子どもに「土着の」踊りを教えてほしいと頼まれたことがある。2002年だったか、保育所や小学校の子どもたちや先生と、バンブーダンスを練習すると、地元のケーブルテレビも取材に来た。あれ、また、足が竹に挟まっちゃった。子どもたちの様子をテレビで見ながら、うまくいくかなと心配になったりした。だが、息子が通っていた丸亀市飯野保育所の「生活発表会」では、先生が竹を動かし、男の子2人（うちの子ではない）と女の子人が優雅にティニクリンを踊ってみせた。私は小学校の頃をなつかしく思い出した。そして、フィリピンの文化を伝えることができたという気持ちと、自分の息子に対する思いがこみ上げ、思わず目が潤ん

だ。上演が終わると、みんなが拍手をし、ざわめきが起こった。

　発表会では、児童たちが私の母語、イロンゴ語による童謡「カラバオの歌」も歌ってくれた。カラバオは水牛のことで、ネグロスでは砂糖畑を耕すのに使われている。事前に先生から頼まれ、カタカナで歌詞を伝え、NGO日本ネグロスキャンペーン委員会（JCNC）が販売したフィリピン人歌手デッサ・ケサダのテープを渡し、メロディを教えていた。当日、担任の先生は器用にメロディをピアノで弾いてくれた。当時5歳だった息子も今度は合唱に加わった。「イガ、カラバオ、バオ…、うちの村にはカラバオがいる、名前はカラバオおじさん、上の歯がないんだよ、イガ、カラバオ、バオ…」という歌詞。年長組の子どもたちが声高らかに歌った。「外国語」による珍しい上演に観客はびっくり仰天だったかもしれない。でも、親御さんたちは大きな拍手を送った。歌った子どもの親御さんも、私と同じくらい、誇らしく感じたに違いない。家路につきながら、息子は本当にうれしそうだった。

　保育所でバンブーダンスやカラバオの歌が披露されるようになったのは、所長や担任の先生たちが「異文化理解教育」に熱心だったからだ。生活発表会の前にも夫といっしょに呼ばれて、息子を含む子どもたちの前で「私たちの旅した国、アフリカ、スペイン、そしてわが祖国フィリピン」という題で、話をしたこともある。私はネグロスの子どもたちが水牛に乗って、農作業を手伝い、夜、灯油のランプの下で、勉強をしていると伝えた。質問ありますかって聞くと、保育所の子どもたちはハイッ、ハイッと、次々に手を上げてくれた。こういう機会が小中学校、高校、大学でももっと増えたらいいと思う。なぜなら、私を含めて、日本では「外国人」が増えてきた。だから、日本人はもっと異なった文化を知り、尊重してほしいと思うからだ。それが「多文化共生」の基本だと思う。

　そして、なぜ、私が日本の保育所の子どもたちにカラバオの歌を伝えようと思ったか。これはイロンゴ語の歌で、子どもの頃、歌った歌だ。きっと自分自身、自分のルーツを確かめたいと思ったからだろう。

　息子も私が日本語の意味を伝えるまで、歌の意味がわからなかった。歌を覚える前も後も息子はネグロスでカラバオをよく見かけたはずだ。実際、カラバオから始まって、彼はフィリピンについて、いろいろと質問するようになった。

ともかく、バンブーダンスとカラバオの歌を通じて、彼は保育所でみんなに好かれるようになった。それが一番私はうれしかった。

　バンブーダンスといえば、93年広島で会ったフィリピン女性が *Pinay ito!* に書いていた記事を思い出す。バンブーダンスは故郷を離れたフィリピン女性にとって、大切な役割を果たすというのだ。つまり、第4章で記したようなフィリピン女性のイメージを払拭するというのである。在日の少数者として、固有の文化を伝えつつ、自分のアイデンティティを確認し、自らを回復する。だから、彼女たちは広島で行事に参加するように誘われれば、バンブーダンスを披露するのだ。

　こうして、バンブーダンスはフィリピン文化を象徴する表現となっている。友人ジャヤの日本人の夫・田嶋浩太郎は多度津町の社会福祉協議会に勤めており、町のイベントでバンブーダンスをするので、飯野保育所から、竹を借りた。東京のNGO「ピナットむさしの」で活動する友人マコ・デグチ（出口雅子）も「フィリピン・ボックス」という教材で、バンブーダンスを用いている[2]。「フィリピン・ボックス」には民族舞踊、子どもの遊び道具、サンミゲル・ビールのびんなど、フィリピンの民衆文化を伝える現物が詰まっている。名古屋、東京、大阪でも、在日フィリピン人のグループがバンブーダンスを文化的表現として、上演している。

　2002年、徳島市で開かれた「ミセス・フィリピン・コンテスト」（在日フィリピン領事館主催）でも、高松市在住のフィリピン人候補がシンキルを見事に踊った。それを見て、私はノスタルジアに駆られ、フィリピン人としての意識、プライドが限りなくよみがえった。フィリピンで同じダンスを目にしても、感じたことがない感覚だった。自分の子どもたちもいつか、バンブーダンスを覚えてくれないものか。私だってうまく踊れないのに、何を言っているのだろう。だが、文化を伝えたい気持ちは打ち消しがたい。子どもたちに私の文化的ルーツに関心を持ってほしいし、将来、文化を保っていってほしいと願う。

---

[2] ［山田・出口 2002：48］も参照されたい。

Ⅲ．「ごちゃごちゃして、きたない」から、「今度、いつフィリピンへ」

　「フィリピンどうだった？」と誰かに聞かれると、息子は「ごちゃごちゃして、きたない」と答える。私はとまどうばかりだが、なるほど多くの人がちょっと見るとフィリピンは混乱していて、きたないと言う。だが、フィリピンの家庭はほとんど家のまわりをきちんときれいにしている。では、なぜ、通りはきたないか。ごみ箱がなかったり、数が少ないからかもしれない。別の要因として、ごみのような人が行政機関にいるため、社会環境がよくならないのかもしれない。いずれにせよ、子どもの第一印象は正しいのかもしれない。

　確かに観光客や長年海外で生活したフィリピン人も、息子と同じような印象を持つだろう。国際空港を出るや否や、事態は明らか。車は混んでいるし、公衆トイレ（これもあまりない）には紙がないし、ごみ箱も少ない。だが、こういう第一印象は長く続かない。やがて、そうしたフィリピンに適応して、ごちゃごちゃを楽しんだり、あるいはごちゃごちゃに加わったりするようになる。息子も4ヵ月滞在するうちに、最初の「偏見」から大きく変わった。全般的にはまだきたなくて、ごちゃごちゃと言うのだが、見方は変わった。一見否定的に見える現実からも前向きなメッセージを受け取ることができるようになったのだ。

　2004年4月、ネグロスに着くと、息子は大喜びだった。だが、バコロド市の中心を通るにつれ、うなだれ始めた。ロビンソン・ショッピングモールに向かうジープニーや車は渋滞、道路もがたがたのところが目立ち、ほこりっぽく、信号も少なく、あっても壊れている、露店や街頭の物売りもあちこちにいる。だが、町を離れ、郊外に出ると、一面の砂糖畑。なつかしいカラバオを見て、息子は一息ついた。家まで20分というところで、ビクトリアス製糖工場から甘い砂糖のにおいがただよってきた。舗装された幹線道路では運転はスムーズだったが、家のある住宅地までは細い道を入っていく。ここは私が生まれてこの方、一度も舗装されず、でこぼこの部分があちこち残っている。

　家に到着。疲れたけど、スマイルを見せて、出迎えてくれた親戚一同に挨拶する。息子も娘もフィリピンは2年ぶり、大きくなったなあ、と言いながら近

終章　レチョン、バンブーダンス、ごちゃごちゃ：異文化接触・多文化共生　　159

所の人もやってきた。みんな、声が大きい。これが私の国だ、親戚、家族、隣人、混沌と喜びを作り出す人々なのだ。

　息子は我が家のラブラドール犬を見つけ、出迎えの騒ぎと質問から身を守った。生後2年、そして、4歳から5歳にかけて、1年ネグロスで暮らした娘（2004年4月時点で10歳）はイロンゴ語が流暢だが、息子にはまだ慣れるまで時間がかかりそうだった。とはいえ、彼にはネグロスに男のいとこが8人、女のいとこが4人おり、ほどなく、仲良く遊び始めた。

　私たちには乗用車、すぐ下の妹にはジープニーがある。ジープを改良した乗合自動車ジープニー、息子はこれが気に入り、小学校への行き帰りにも車よりも、姉やいとこといっしょにジープニーに乗りたがった。私は心配だったが（自分の国でこわがり、他の国の方がより安心と感じるとは我ながら情けないが）、フィリピンのほとんどの子どもが普段どんな暮らしをしているか、体験するのが一番、と考え、息子の願いを聞き入れた。また私自身、過去フィリピンで社会政治運動に関わっており、ジープニーよりも乗用車を勧めるなんてブルジョア的だなとも感じていた。考えてみると、私の二重基準的な態度は日本の円がもたらす購買力に基づいていると思う。利便性と社会活動歴、そして、父が製糖工場労働者であり、労働者階級出身という自覚との間で、心が揺れた。ともかく、子どもは車でもジープでも選んでいいのではないか、私だってそうだ、そう思った。

　息子は毎日のように「明日日本へ帰ろうよ」と言った。学校でも家でも彼は遊びたかったのだ。英語で答えねばならない宿題もいやだった。ストレスがたまると、彼は日本へ帰ろうと言うか、日本語で父親と電話で話すという避難行為に走った。息子は2つの文化的アイデンティティを持つのだと私も気づいた。彼は安心な気持ちをもたらしてくれる場所、モノ、イベント、人を求めたのだ。2ヵ月くらい、彼は適応に苦しみ、細かいことにこだわり、ごみ箱がないと文句を言った。また、いとこや悪名高い叔母がどこででも車やジープニーの窓からごみを捨てることや、モールのトイレに紙がないのに気づいて、とまどい続けた。

　だが、彼はついに、いとこや叔母にごみはごみ箱へということをわからせた。「ごみのポイ捨てはいけない」と戒めるため、にらみつけたり、ポケットに入

れなよ、と言うようにしたのだ。また、ショッピングモールに行く時は紙を持っていくようになった。さらに、サトウキビ畑にトイレがないことにも気づいたが、肥やしになるということを知り、畑で用を足すようになった。そして、時にうるさくて、いらつくいとこたちも、親がいなくても付き添ってくれる頼もしい仲間だということもわかってきた。

　さて、妹の友人が外国崇拝気味に「子どもはここから出ていった方がいい」と言った。彼女の娘はアメリカで物理療法士として働いている。私は迷った。当時小学2年の息子、5年の娘はネグロスの私立小学校に通っており、1年勉強して、日本に連れて行くかどうか、考え込んでしまった。誘拐もあるので心配だったが、子どもが大切な体験をしていることも充分わかっていた。息子は英語での授業についていくのがしんどそうで、四国に戻りたがる、娘は授業も何のその、環境になじんで、ネグロスにいつづけたいと言う。結局、私は娘を私の両親、妹の家族に託して、息子といっしょに8月下旬、日本に戻った。夏休み、日本から遊びに来ていた中1の長女もいっしょに帰国した。

　四国に帰ると、息子は「ごちゃごちゃしてきたない」フィリピンをなつかしがった。村で雨の日、泥まみれになって楽しく遊んだことと同じくらい、フィリピンが恋しいという。以前フィリピンについて否定的な見方しかなかったが、やがて息子は前向きなメッセージを受け取ったのだ。つまり、文化や社会によっていろいろなやり方がある、込み入ったこともあれば、単純で簡単なこともある。場所でも物事でも出来事でも人間でも、最初は慣れなくても、段々慣れてきて楽しくなるということを。いとこと過ごした日々を思い出したのか、彼は聞いた。「お母ちゃん、今度、いつフィリピンへ行くの？」【佐竹眞明訳】

あとがき

佐竹眞明
メアリー・アンジェリン・ダアノイ

　在日フィリピン人について原稿をまとめてみませんか、とめこんから依頼をいただいたのは1999年の春だった。それから、既に7年過ぎた。当初は『出稼ぎから定住へ』という題で、フィリピン人の日本への移民労働から、結婚・定住の過程を書こうと思った。だが、結婚、定住のみならず、日本男性の「変容」や子ども、「多文化共生」というテーマにも関心が広がっていった。その理由を考えてみると、まず、私たちは1990年に結婚して四国で共同生活を始め、当初の「適応」過程を経て、3人の子どもをかかえることになった。そして、私たちより先に結婚した日比カップルや後に誕生した夫婦とも知り合った。相談に乗っていただいたり、相談を受けたり、さまざまな経験を分かち合った。土器川土手でのバーベキューパーティだけでなく、楽しい時間もたくさん持つことができた。そうした体験や交流を通じて、結婚に関連する諸テーマが浮かび上がってきた。そして、本書の内容も膨らんでいった。2005年4月、私たちは愛知県に移ったが、そこでも新しい出会いが生まれつつある。

　こうして私たちは、日比カップルとその家族のネットワークに包みこまれるように生活してきた。それゆえ、この本を書き上げることができたと思う。だから、各地に暮らす日比カップル、フィリピン人シングルマザー、その子どもたちに本書を捧げたい。本書がそれらカップル、シングルマザーと子どもたちに何らかの勇気を与え、力づけとなることができればと願っている。また、国際移民労働、国際結婚、異文化理解・交流、多文化共生といったテーマに関心を寄せる人々にも広く読んでいただければ幸いである。

本書は日常的な聞き書きや観察に基づいている。語りを多く紹介し、民族学的(エスノグラフィック)な手法も取り入れた。資料、統計、聞き書き、参与観察、インタビュー、質問表から得られた内容に関して、筆者2人で議論、検討した上で、原稿に向かった。

　こころよくインタビュー、グループ・ディスカッション、質問表記入に応じてくださった皆様に深く感謝したい。特に横山耕三・マリルウ夫妻、磨田隆一・アレハ夫妻、安田博文・グレース夫妻、森里善衛・レベッカ夫妻、合田正昭・ヘレン夫妻、向井洋之・マリア夫妻、石見日佐雄・ラケル夫妻、小久保光陽・エスペランサ夫妻、嶋田浩二・レジーナ夫妻。さらに、まとまった情報を得るため、高松市のカトリック桜町教会にも出向き、日比カップルに質問表への記入やインタビューをお願いした。桜町教会のベルナベ・ロメオ神父(フィリピン人)、栃尾泰英神父や横山泉さん、宮脇誠さんら日比の教会メンバーの方々にもお礼を申し上げる。徳島の東祖谷では梶本ドロレスさん、西川テルマ・寛夫妻、役場関係者特に高橋玉美さんにお世話になった。また、最初に私たちを東祖谷の人々に紹介してくださったのはフェリス女学院大学・横山正樹教授(元四国学院大学教授)だった。オーストラリアでは今井一郎・エスター夫妻が協力してくださった。さらに、大阪外国語大学の津田守教授は日比結婚の「先達者」として体験を分かち合ってくださった。

　オーストラリア調査に関しては1998〜2000年度トヨタ財団助成研究「イタリア、オーストラリア、日本における新来外国人施策と市民による支援活動の比較研究——フィリピン人コミュニティの側からの主体的対応の可能性を探る試みとして」(津田守教授主宰)、オーストラリア、香港の調査に関しては1999〜2001年度文部科学省科学研究費助成研究「国際移民労働者をめぐる国家・市民社会・エスニシティの比較研究：経済危機の中のアジア諸国における出稼ぎフィリピン人を素材にして」(同教授主宰)に依拠した。

　また、日本平和学会2001年度春季大会での佐竹発表「日本——フィリピン国際結婚　諸問題ともう一つの側面」では村井吉敬(上智大学)、石井摩耶子(恵泉女学園大学)、内海愛子(同)、ロニー・アレキサンダー(神戸大学)、太田一男(酪農学園大学)の5教授より貴重なコメントをいただいた。

　編集においては、四国学院大学大学院生・北山美樹さん、大学生・森本宏樹

君にデータ処理、安田グレースさんに質問表の整理を手伝っていただいた。また、めこんの桑原晨さんは忍耐強く原稿を待った上、編集の労をとって下さった。

　以上の皆様、そして、名前を記せなかったがお世話になった皆様に、日本語とフィリピン語で申し上げたい。「どうもありがとうございました」「マラミン・サラマッポ」"Maraming salamat po!"

参考文献

アジアの買売春に反対する男たちの会編．1988．『アジアの買売春と日本の男たち』アジアの買売春に反対する男たちの会．
あるすの会編　1990．『ラパーン事件の告発——闘ったフィリピン女性たち』柘植書房．
伊藤公男．1996．『男性学入門』作品社．
伊藤公男・樹村みのり・國信潤子．2002．『女性学・男性学　ジェンダー論入門』有斐閣．
伊藤孝司編著．1993．『破られた沈黙——アジアの「従軍慰安婦」たち』風媒社．
稲垣紀代．2000．「日本人のフィリピン像——久田恵『フィリッピーナを愛した男たち』におけるフィリピンと日本」会沢勲編著『アジアの交差点——在日外国人と地域社会』社会評論社．
エヴィオタ，エリザベス・ウイ．2000．『ジェンダーの政治経済学——フィリピンにおける女性と性的分業』(佐竹眞明・稲垣紀代訳)明石書店．
岡本三夫・横山正樹編．1999．『平和学の現在』法律文化社．
岡本三夫．2005．『平和学は訴える——平和を望むなら平和に備えよ』法律文化社．
小ヶ谷千穂．2000a．「送り出し国フィリピンの課題——海外雇用政策の推移と『海外労働者の女性化』」梶田孝道編著『人の国際移動と現代国家——移民環境の激変と各国の外国人政策の変化』一橋大学社会学部．2000年3月．
———．2000b．「『移住労働者の女性化』のもう一つの現実——フィリピン農村部送り出し世帯の事例から——」伊豫谷登士翁編『経済のグローバリゼーションとジェンダー』明石書店．
———．2001．「国際労働力移動ジェンダー——アジアにおける移住家事労働者の組織活動をめぐって」梶田孝道編著『国際化とアイデンティティ』ミネルヴァ書房．121-147．
蔭山晶平編．1988．『アジアから来る花嫁たち——村の国際結婚——』南船北馬舎．
笠間千浪．2002．「ジェンダーから見た移民マイノリティの現在——ニューカマー外国人女性のカテゴリー化と象徴的支配」梶田孝道・宮島喬編著『マイノリティと社会構造』東京大学出版会．
梶田孝道．2001．「現代日本の外国人労働者政策・再考——西欧諸国との比較を通して」同編『国際化とアイデンティティ』ミネルヴァ書房．
嘉本伊都子．2001．『国際結婚の誕生——〈文明国日本〉への道』新曜社．
ガルトゥング，ヨハン．1991．『構造的暴力と平和』(高柳先男・塩谷保・酒井由美子訳)中央大学出版部．
金迅野．1998．「多文化共生とはなにか——在日コリアンの立場から」ヒューライツ大阪編『問われる多文化共生-教育・地域・法制度の視点から』46-59．解放出版社．
木野羊子．2005．「「ムラ」の国際結婚——徳島・東祖谷山村を一例に』2004年度恵泉女学園大学大学院人文学研究科修士論文．2005年1月提出．
桑山紀之．1995．『国際結婚とストレス　アジアからの花嫁と変容するニッポンの家族』明石書店．
———．1997．「10年目の節目を迎えたアジアからの農村花嫁たち」桑山紀之編著『ジェンダーと多文化——マイノリティを生きるものたち』明石書店．
黄春明．1979．『さよなら・再見』(田中宏・福田桂二訳)めこん．
駒井洋．1999．『日本の外国人移民』明石書店．
今藤元．2004．『奥様はフィリピーナ』彩図社．
コンスタンティーノ，レナート．1990．『第二の侵略——東南アジアから見た日本』(津田守監訳)刊行社．
———．1980．「市民の服を着た帝国軍人」『朝日新聞』1980年3月24日
ゴー，リサ，鄭暎恵．1999．『私という旅　ジェンダーとレイシズムを越えて』青土社．
坂中英徳．2005．「人身売買の温床にはメスを入れる」(インタビュー)『週刊朝日』2005年3月11日号．133-135．
佐竹眞明．1992．『祖谷に来て五年　フィリピン女性達を訪ねて』四国学院大学社会学科国際平和学コース　国際平和学現場研修1992年度(東祖谷山村)報告．

―――．1994．「男性解放を考える」イヴとアダムをこえて編集委員会編『イヴとアダムをこえて――女性と人権を考える』四国学院大学．1-9．

―――．1997．『東祖谷国際結婚問題』四国学院大学応用社会学科．国際社会現場実習 B (東祖谷) 報告書．

―――．1998．『11年目を迎えた国際結婚――徳島県三好郡東祖谷山村実習1998年報告書』．四国学院大学応用社会学科．国際社会現場実習 B 報告書．

―――．1998．『フィリピンの地場産業ともうひとつの発展論　鍛冶屋と魚醤』明石書店．

―――．2000a．『行政主導の結婚から13年――徳島県三好郡東祖谷山村実習2000年報告書』四国学院大学応用社会学科．国際社会現場実習 B 報告書．

―――．2000b．「瀬戸内地域のフィリピン人――出稼ぎから定住へ」会沢勲編著『アジアの交差点――在日外国人と地域社会』(増補改訂版) 社会評論社．153-180．

―――．2003．「フィリピン――ジェンダー．移民．地場産業」『論集』四国学院大学．2003年12月．159-177．

佐野真一．1981．『性の王国』文藝春秋．

柴田義助．1997．「最上地域――国際結婚の進展による農村社会の国際化」駒井洋・渡戸一郎編『自治体の外国人政策――内なる国際化への取り組み』明石書店．369-389．

宿谷京子．1987．「『嫁不足の村』が選択した『国際結婚』の現地を歩く」『農業富民』第59巻第 2 号．1987年 2 月．56-62．

―――．1988．『アジアから来た花嫁――迎える側の論理』明石書店．

出入国管理研究会編．2000『注解判例　出入国外国人登録　実務六法』平成12年版．日本加除出版．

侵略戦争賛美決議に反対する全国ネットワーク共同編集部編．1995．『STOP「侵略戦争賛美決議」！緊急 FAX 通信　復刻版』侵略戦争賛美決議に反対する全国ネットワーク．

菅井和広．1987．「運命の赤い糸は国内だけに限らない――国際結婚に取り組んで」『農業富民』第59巻第 2 号．1987年 2 月．52-55．

杉本良夫．2000．『オーストラリア――多文化社会の選択』岩波書店 (岩波新書)．

高畑幸．2003．「国際結婚と家族――在日フィリピン人による出産と子育ての相互扶助」石井由香編著『移民の居住と生活』明石書店．

―――．2005a．「エンターテイナー受け入れ厳格化――坂中氏のインタビューとフィリピン NGO 声明を読む」*Kaibigan*，No.166，2005年 4 月号．

高里鈴代．1979．「買春観光を許さない！」『アジアと女性解放』第 6 号．

―――．1981．「アジアを搾取する買春観光――その差別と搾取の構造を告発する」『公害を逃すな！第三世界への公害輸出を告発する！』1981年 3 月号．Vol. 2, No. 58.

武田丈編著．2005．『フィリピン女性エンターテイナーのライフストーリー――エンパワーメントとその支援』関西学院大学出版会．

ダアノイ，メアリー・アンジェリン．2000a．「民族・性差別の国．日本でのフィリピン人少数者が力をつけるために」会沢勲編著『アジアの交差点――在日外国人と地域社会』(増補改訂版) 社会評論社．101-125．

―――．2000b．「フィールド・ワーク：出稼ぎ労働の検証――フィリピン人は日本にいるフィリピン人をどう見ているか」同上書．127-149．

ドーン・ジャパン (DAWN) 編著．2005．『フィリピン女性エンターテイナーの夢と現実――マニラ、そして東京に生きる』(DAWN-Japan　ドーン・ジャパン訳) 明石書店．

ドーン・ジャパン．2003．『資料集』ドーン・ジャパン．

津田守．2003．「司法通訳翻訳人」『法律文化』3，4 月号．

中野フェシェリアキタ．1999．『日本に嫁いで11年』文芸社．

丹羽雅雄．1998．「『ニューカマー』の子どもとその家族と法制度」ヒューライツ大阪編『問われる多

文化共生――教育・地域・法制度の視点から』解放出版社．60-74．
浜なつ子．1997．『マニラ行き・男たちの片道切符』太田出版．
―――．1999．『死んでもいい・マニラ行きの男たち』太田出版．
バリエスカス，マリア・ロザリオ・ピケロ．1993．『フィリピン女性エンターテイナーの世界』津田守監訳．明石書店．
日暮高則．1989．『「むら」と「おれ」の国際結婚学』情報企画出版．
東祖谷山村国際友好協会「フィリピン女性との国際結婚について」[陰山 1988]所収．72．
久田恵．1989．『フィリピーナを愛した男たち』文藝春秋．
日名子暁．1986．「ジャパゆきさんの経済学」『別冊宝島54　ジャパゆきさん物語』JICC出版．
フジテレビ．1992．『フィリピーナを愛した男たち』(TVドラマ)1992年12月11日放映．
ヘンソン，マリア・ロサ．1995．『ある日本軍『慰安婦』の回想』(藤目ゆき訳)岩波書店．
松尾寿子．2005．『国際離婚』集英社(集英新書)．
松本邦彦・秋武邦佳．1995．「国際結婚と地域社会――山形での住民意識調査から(その2)」『山形大学法制論叢』第4号．
松本邦彦．1995．「調査報告/外国系住民に対する山形県内自治体事業調査」『山形大学法制論叢』第4号．
メディアと人権を考える会編．1993．『ドラマ「フィリピーナを愛した男たち」をめぐって――テレビメディアが問われ，私たちが問われている』メディアと人権を考える会．
モレノ，ルビー．1999．『悲しい国．ニッポン』立風書房．
山谷哲夫．1985．『じゃぱゆきさん』情報センター出版局．
渡辺雅子．2002．「ニューカマー外国人の増大と日本社会の変容　農村外国人妻と地域社会の変容を中心に」宮島喬・加納広勝『変容する日本社会と文化』東京大学出版会．15-39．
山田信男・出口雅子編著．2002．『フィリピンと出会おう』国土社．
月刊『むすぶ』第379号，2002年7月．「特集　どうしたらいいんだ！？日本を支える奴隷労働＝外国人研修制度」
『国際人流』2004．5月号．入管協会．

Aguilar, Delia D. 1998, *Toward A Nationalist Feminism*, Qezon City; Giraffe Books.
Añonuevo, T. Augustus, and Dennis D. Estopace, 2002. "Doing the Second Shift: Difficulties of Husbands Left behind," Estrella Dizon-Añonuevo and Augustus T. Añonuevo, eds., *Coming Home: Women, Migration and Reintegration*. Balikabayani Foundation Inc., ATIKHA Overseas Workers and Communities Initiative Inc. pp. 84-95.
Asian Migrant Centre, Asia South Pacific Bureau for Adult Education and Migrant Forum in Asia. 2001. *Clearing a Hurried Path: Study on Education Programs for Migrant Workers in Six Asian Countries*. AMC, ASPBAE and MFA. 2001.
Ballescas, Ma. Rosario Piquero. 1998. "Migration of Filipino Women to Japan: Continuities and Shifts" paper presented at a Roundtable discussion on Filipino Women Migrants, Institute of Philippine Culture, Ateneo de Manila University. September 23, 1998.
Cahill, Desmond. 1990. *Intermarriages in International Contexts*. Quezon City; Scalabrini Migration Center,
Castles, Stephen and Gianni Zappala. 2000. "Citizenship and Immigration in Australia" in T. Alexander Alennikoff and Douglas Kusmeyer eds. *From Migrants to Citizens, Membership in a Changing World*. Washington D.C.; Carnegie Endowment for International Peace.
Castles, Stephen and Mark Miller, 1998. *The Age of Migration: International Population Movements in the Modern World*. London: Macmillan Press Ltd.

Christian, Harry. 1994. *The Making of Anti-sexist Men*. New York: Routledge.
Cunnen, Chris and Julie Stubbs. 1997. *Gender, 'Race' and International Relations, Violence against Filipino women in Australia*. Sydney: Institute of Criminology Monograph Series No. 9.
Da-anoy, Mary Angeline. 2001. "Beyond the Borders of Domestication: Filipina Diaspora in Hong Kong and Taiwan," *Treatises*. No. 105, pp. 47–89. Shikoku Gakuin University.
―――. 2002. "Domestication and Beneath: *Filipina Diaspora in Hong Kong and Taiwan*" Mamoru Tsuda ed. *Filipino Diaspora in Asia: Social and Personal Networks, Organizing, Empowerment, Ethnicity, and Culture*. Report submitted to the Japan Academy for the Promotion of Science: Grant-in-Aid for Scientific Research (Basic Research (A) (2), FY 1999–2001.). pp. 111–124.
Enriquez, Virgilio G. 1992. *From Colonial to Liberation Psychology: the Philippine Experience*. Manila: De La Salle University Press.
Estrada-Claudio, Sylvia. 1999. "The Psychology of the Filipino Women" in Jeanne Frances Illo ed. *Women and Gender Relations in the Philippines*. Selected Readings in Women Studies. Vol. 1. Quezon City: Women's Studies Association of the Philippines.
Eviota, Elizabeth Uy. 1992 *The Political Economy of Gender: Women and Sexual Division of Labour in the Philippines*. London and New Jersey: Zed Books Ltd. Philippine Reprint by Institute of Women's Studies, St. Scholastica's College, Manila, 1992.(和訳　佐竹眞明・稲垣紀代訳『ジェンダーの政治経済学――フィリピンにおける女性と性的分業』明石書店. 2000)
―――. 2000. "Globalization and Gender: Philippine Articulations" A lecture at Shikoku Gakuin University, October 19, 2000.(佐竹・稲垣前掲訳書「エピローグ」に所収).
Imai, Yasuko. 1994. "The Emergence of the Japanese Shufu: Why a Shufu is More than a 'Housewife,'" *VS-Japan Women's Journal*, English Supplement No. 6, 1994. pp. 44–110.
Jimenez-David, Rina. 2002. "Caught in 'vaginal economy'" *Philippine Daily Inquirer*. 6 May 2002.
Jolivet, Muriel. 1997. *Japan: The Childless Society?* Routledge.
Julag-ay, Cecillia. 1996. "Correspondence Marriage Between Filipinas and U.S. Men: The Global and Personal Issues" Paper presented in the 5th Philippine Studies Conference, Honolulu, Hawaii. April 16, 1996.
Kerkvliet, Benedict J. 1991. *Everyday Politics in the Philippines, Class and Status Relations in a Central Luzon Village*. New Day Publishers.
Kurita, Tamaki. 2000. "High School education in Japan" *Pinoy*. No.76, May 1, 2000.
Mainichi Daily News. 1990. "Filipino Brides Heading For Home-Alone" January 25, 1990.
Matumoto, Akiko. 1991. "International Marriages-Its Non-Individual Factors-" B.A. Thesis, Department of English Literature, Shikoku Gakuin University.
Nakamatsu, Tomoko. 2002. "Marriage, Migration and the International Marriage Business in Japan", Ph.D. dissertation, Perth: Murdoch University.
Philippine Overseas Employment Administration (POEA) 2003. *Annual Report*
Pinay Ito! 1994. "Paninilip: ang Pinay sa Mata ng Hapon" (Voyeurism: The Filipina in the Eyes of Japanese). Network of Filipino Women In Japan in coordination with NCC Peace and Human Rights Council. vol. 1 no. 3, July 1994.
Richardson, Diane. 1993. "Sexuality and Male Dominance," in Diane Robinson and Victoria Robinson eds., *Thinking Feminist: Key Concept in Women's Studies*, Guilford Press, New York.
Samonte, Elena L.,et. al. 1995. *State of the Nation Research Reports, Issues and Concerns of Overseas Filipinos: An Assessment of the Philippine Government's Response*. University of the Philippines, Center for Integrative and Development Studies and the UP Press.

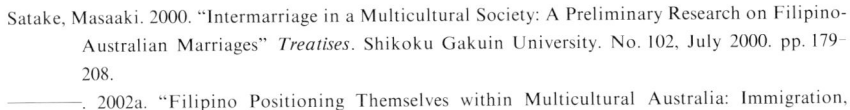

Satake, Masaaki. 2000. "Intermarriage in a Multicultural Society: A Preliminary Research on Filipino-Australian Marriages" *Treatises*. Shikoku Gakuin University. No. 102, July 2000. pp. 179–208.

―――. 2002a. "Filipino Positioning Themselves within Multicultural Australia: Immigration, Profile and Government and NGO Initiatives" *Treatises*. Shikoku Gakuin University. No. 107, March 2002, pp. 53–89.

―――. 2002b. "Multiculturalism and Filipino Migrants in Australia" in Mamoru Tsuda ed. *Filipino Diaspora in Asia: Social and Personal Networks, Organizing, Empowerment, Ethnicity, and Culture*, 2002., op. cit. pp. 197–211.

―――. 2003. *People's Economy: Philippine Community-based Industries and Alternative Development*. Manila: Solidaridad Publishing House; Kagawa: Shikoku Gakuin University. p. 274.

―――. 2004. "Filipina-Japanese Intermarriages: A Pathway to New Gender and Cross-Cultural Relations" *Asian and Pacific Migration Journal*. Vol. 13, No. 4, 2004. pp. 445–473.

―――. 2008. "At the Core of Filipina-Japanese Intercultural Marriages: Family, Gender, Love and Cross-Cultural Understanding," Lyida N. Yu Jose ed., *The Past, Love, Money and Much More: Philippines-Japan Relations Since the End of the Second World War*. Quezon City: Japanese Studies Program, Ateneo de Manila University. pp. 111–137.

Soriano, Grace. 1995. "Filipino families in Australia" Robyn Hartley ed. *Families and Cultural Diversity in Australia*. Australia: Allen & Unwin, St Leonard, NSW.

Stoltenberg, John. 1990. *Refusing to be a Man, Essays on Sex and Justice*. New York: Meridian.

Suzuki, Nobue. 2003. "Of love and the marriage market: masculinity politics and Filipina-Japanese marriages in Japan," James E. Roberson and Nobue Suzuki eds., *Men and Masculinities in Contemporary Japan: Dislocating the salaryman doxa*. London and New York: Routledge. pp. 91–108.

Tancangco, Luzviminda G. 1996. "Women and Politics in Contemporary Philippines" *Women's Role in Philippine History: Selected Essays*. Second Edition. Quezon City: University Center for Women's Studies, University of the Philippines.

Yamazaki, Hiromi. 1988. "Japan Imports Brides from the Philippines: Can isolated farmers buy consolation?" *AMPO*. vol. 19, No. 4, p. 22–31, 1988.

Yu-Jose, Lydia N. 2002. *Filipinos in Japan and Okinawa 1880s–1972*. Research Institute for the Languages and Cultures of Asia and Africa, Tokyo University of Foreign Studies. 158p.

索引

【あ行】

アスワン　90
アイデンティティ　2,133,135,141,143,157,159
家の柱・家の光　97,111
異文化間結婚　31,66,82,103,106,113,114,115,121
異文化交流　70,113,161
異文化接触　151
異文化体験　3,110,113
異文化理解　155,156,161
エンターテイナー　14,15,19,23,25,27,77,83,86,89,90,139
オーストラリア（豪州）　36,37,38,43,45,46,50,52,67,87,88,89,108,113,124,125,133,162

【か行】

買春観光　9,10,11,12,13,83
香川，香川県　1,3,48,49,50,54,59,61,70,84,85,86,98,99,100,103,107,108,112,115,120,121,130,134,140,141,144,146,149,151
海外芸能アーティスト（OPA）　9,15,17,18,20,24,30,39,47,49,50,51,53,55,56,81,87,88,90,98,100,103,108,130,131,132,134
家族志向　116
カラバオ　156,157,158
韓国　9,10,11,15,26,35,36,39,68,70,75,82,84,99,112
韓国・朝鮮　32,34,35,40,42,63,144
草分けとなった妻　81,82,87,88,89,150
結婚業者　36,37,39,46,47,51,53,54,57,58,59,66,67,68,69,71,73,82,93
研修生　1,2,3,16,39,56,131,133,139,146,147,148,149
興行　13,14,15,16,17,18,19,22,23,24,28,83,84,87,130,133,155
国際結婚　3,31,34,35,36,37,39,42,45,46,53,58,60,66,67,70,71,72,73,76,78,79,91,93,94,100,104,113,129,135,137,138,161,162
構造的暴力　114

【さ行】

裁判所　141,145
在日フィリピン女性ネットワーク　63,99,149
実習生　16,49,146,147,148
ジャパゆき　3,12,13,14,15,81,82,83,84,85,86,87,89,93,98,99,130,132
従軍慰安婦　61,98
接待　9,17,18,19,56,84
積極的平和　114,115
戦争花嫁　31

索引

【た行】
タイ　9,11,22,24,32,34,35,36,39,40,42,75,84,113
台湾　9,10,11,12,24,25,26,75
ダブル　138,141,142,143
ダブル・キッズ　135
多文化共生　3,113,114,115,129,151,154,156,161
多文化主義　113,114
男性解放　120,122,125
男女共同参画　144,145
地方自治体　144
中国，中華人民共和国　10,14,15,32,34,35,36,39,40,42,46,56,66,68,69,70,75,82,84,89,98,112, 115,131,133,137,144,145,148
抵抗の心理学　118,119,120
徳島，徳島県　48,50,54,59,60,61,63,65,70,71,72,93,94,98,99,162

【な行】
日常的な政治　118,119,120,122
農村花嫁　3,57,58,71,81,82,88,93,98,132

【は行】
バハラ・ナ　110
東祖谷,東祖谷山村　49,59,60,61,63,65,66,67,68,70,71,72,73,74,75,76,78,79,93,94,96,97,99, 100,106,107,110,124,127,132,162
フェミナイゼーション　25
ピナイ・イト！（Pinay Ito!）　63,64,85,157
フィリッピーナを愛した男たち　61,62,66,85,98
バンブーダンス　1,99,100,151,154,155,156,157
母語　115,135,136,137,138,156

【ま行】
ミドル・ネーム　141,142
メール・オーダー・ブライド　67,89

【や行】
山形，山形県　37,46,57,58,59,60,67,68,71,72,74,111

【ら行】
離婚　39,40,41,42,46,49,51,52,67,76,77,83,90,91,94,97,100,105,120,131
レチョン　1,2,151,152,154

佐竹眞明　さたけ・まさあき

1957年　東京都生まれ　80年中央大学法学部法律学科卒業　89年上智大学大学院外国語学研究科国際関係論専攻博士後期課程修了。

89年四国学院大学文学部社会学科専任講師、90年同助教授、92年学部改組に伴い社会学部応用社会学科助教授、98年教授。2005年、名古屋学院大学外国語学部国際文化協力学科、教授。1987年9月〜89年3月、97年8月〜98年7月、フィリピン共和国、アテネオ・デ・マニラ大学フィリピン文化研究所の客員研究員。97年上智大学より国際関係論博士号取得。88年留学中ダアノイと知り合い、90年結婚。

著書　『フィリピンの地場産業ともうひとつの発展論　鍛冶屋と魚醬』明石書店．1998．
People's Economy: Philippine Community-based Industries and Alternative Development. Solidaridad Publishing House: Manila and Literary Society, Shikoku Gakuin University: Kagawa. 2003.

翻訳書　エリザベス・ウイ・エヴィオータ『ジェンダーの政治経済学——フィリピンにおける女性と性的分業』(稲垣紀代氏との共訳)．明石書店．2000．

メアリー・アンジェリン・ダアノイ　Mary Angeline Da-anoy

1985年フィリピン共和国西ネグロス州バコロド市、セント・ラサール大学卒業。心理学専攻。卒業後、同大学社会調査センター調査助手、調査研究員。88年、ウィンロック国際財団の奨学生となり、アテネオ・デ・マニラ大学大学院修士課程社会学専攻で学ぶ。同年、佐竹と知り合い、90年結婚。95年、同修士号取得。

91年4月〜2002年3月、四国学院大学教養部、文学部英文学科非常勤講師。フィリピンの宗教・文化、および英語を教える。2007年4月より名古屋学院大学非常勤講師(英語科目担当)。

著書　*Sugar Industry Workers and Insurgency: The Case of Victorias-Manapla*, Seacrest Foundation. Nalco Press, Inc.: Bacolod City. Philippines. 2001.

論文　"Beyond the Borders of Domestication: Filipina Diaspora in Hong Kong and Taiwan," *Treatises* (『論集』). No. 105. pp. 47-89. Shikoku Gakuin University. 2001.

フィリピン−日本国際結婚──移住と多文化共生

　　　　　初版第 1 刷発行　　2006 年 5 月 14 日
　　　　　　第 2 刷発行　　2008 年 6 月 10 日

　　　　　　　　定価2500円＋税

　　　　著者　佐竹眞明　メアリー・アンジェリン・ダアノイ ©
　　　　　　　　装丁　水戸部功
　　　　　　　　発行者　桑原晨
　　　　　　発行　株式会社めこん
　〒113-0033 東京都文京区本郷 3-7-1　電話03-3815-1688　FAX03-3815-1810
　　　　　　ホームページ　http://www.mekong-publishing.com
　　　　　　　　　　印刷　太平印刷社
　　　　　　　　　　製本　三水舎

　　　　　ISBN978-4-8396-0196-6 C0036 ￥2500E
　　　　　　　　0036-0602196-8347

JPCA 日本出版著作権協会
　　　　http://www.e-jpca.com/

本書は日本出版著作権協会（JPCA）が委託管理する著作物です。本書の無断複写などは著作権法上での例外を除き、禁じられています。複写（コピー）・複製、その他著作物の利用については事前に日本出版著作権協会（電話03-3812-9424　e-mail：info@e-jpca.com）の許諾を得てください。

フィリピン歴史研究と植民地言説 レイナルド・C・イレート他 永野善子編・監訳 定価2800円＋税　四六判・392ページ	アメリカから歴史を取り戻す…。ホセ・リサールの再評価を中心に、アメリカが歪曲したフィリピンの歴史を作り直そうという試み。
ネグロス・マイラブ 大橋成子 定価1600円＋税 四六判・248ページ	NGOのつっぱり女と元フィリピン共産党の子連れマッチョが出会った。2人はフィリピンの政治状況なんていう難しい話をしているうちに恋に落ちてしまった…。
仮面の群れ F・ショニール・ホセ 山本まつよ訳 定価2500円＋税　四六判・336ページ	イロカノの貧しい青年が虚飾と野望渦巻く上流社会の中でなりあがり、傷つき倒れていく姿をドラマチックに描いたフィリピン現代文学の代表作。
民衆（上）（下） F・ショニール・ホセ 山本まつよ訳 定価各1800円＋税　四六判・各268ページ	マルコス独裁恐怖政治のマニラを舞台に、友情、恋、暴力、運動と様々な体験を重ねながら成長していく若者の姿をみずみずしく描いた青春小説。
マニラ――光る爪 エドガルド・M・レイエス 寺見元恵訳 定価1200円＋税　四六判・194ページ	マニラに働きに出た恋人が消えた……。青年はひとり大都会をさまよう。スラムに必死に生きる若者たちの怒り、血と汗がにおうようなタガログ文学の名作。
七〇年代 ルアールハティ・バウティスタ 桝谷哲訳 定価1900円＋税　四六判・280ページ	若者が怒り女性が立ち上がった激動の70年代。ひとりの平凡な主婦が社会的政治的にめざめ自己を確立していく姿をリアルに描いたタガログのベストセラー。
フィリピンで働く 日刊マニラ新聞編集部 定価1800円＋税 四六判・240ページ	フィリピンで仕事をみつけ、給料をもらって、生活していくには…。ノウハウと実例がたっぷり。「インタビュー」と「インフォメーション」の2部構成。
変容する東南アジア社会 **――民族・宗教・文化の動態** 加藤剛編・著 定価3800円＋税　A5判・482ページ	ダイナミックに変容しつつある東南アジアの周縁地域の状況を、気鋭の人類学者・社会学者・歴史学者がフィールドから報告。
入門東南アジア研究 上智大学アジア文化研究所編 定価2800円＋税 A5判・318ページ	①東南アジア世界の成立　②社会と文化　③政治と経済　④日本とのかかわり。東南アジアを総合的に学ぶための基本書。